事業計画から商品設計、マーケティング戦略で成功する!

起業の仕方
見るだけノート

今井孝　監修

JN021528

宝島社

事業計画から商品設計、マーケティング戦略で成功する!

起業の仕方
見るだけノート

今井 孝 監修

宝島社

はじめに

・起業にはものすごくお金がかかる。
・従業員やオフィスが欠かせない。
・アッと驚く画期的なアイデアが必要だ。
・ずば抜けた才能がないと失敗する。
・開業届や税金などの難しい勉強をしなければならない。

このように「起業は難しくて危険なもの」と考えている人が多いのですが、実はそんなことはありません。

起業する人が年々増えていますが、成功している人は「ごく普通の人」です。今この本を手に取っているあなたと同じように、職場や家庭のささいなことで喜び、悩んでいる人たちばかりです。

本当に普通の人たちが、リスクゼロ、資金ゼロ、人脈ゼロからスタートしていて、年収1000万円以上稼いでいる人もたくさんいます。

私は起業塾で講師をしたり、起業のコンサルティングをしたりしていますが、最近では、毎年100人以上の方が塾を受講してくれていて、起業を目指す人の多さを肌で感じています。

そのような背景には、社会情勢の変化があります。
多くの企業が業績の悪化を訴え、大企業であってもリストラは当たり前になりました。終身雇用はもう期待できませんし、人生100年時代を幸せに生きていくためにも、自分の力で収入を得られるようになりたい

と思う人が増えているのです。

もう一方で、ビジネスをはじめることがどんどん簡単になっていることも理由の一つです。
ネットを活用すれば、お金をかけずに一人でビジネスがはじめられます。集客も営業も、そしてサービス提供もネット上で完結させることができます。もちろん、支払いもネット経由で可能です。

かといって、誰もがすぐに起業の一歩を踏み出すわけではありません。起業に興味はあるものの、「不安でチャレンジできない」「失敗が怖くて先に進めない」という声もよく聞きます。

それは、「怖い方法」で起業しようとするからです。

借金をして、高いオフィスを借りて、設備投資をして、在庫を抱えて、従業員を雇って……なんてはじめ方では怖いのは当然です。

そんなリスクを取らなくても、今の時代はビジネスをはじめられることを本書で解説しました。

起業はシンプルであり、大きなリスクを取る必要がないことが分かれば、恐怖を感じることなくやりたいことにチャレンジできます。

自分の好きなことで報酬を得られた時、人生は変わります。
仕事が遊びになり、働くことが娯楽になります。
そして、誰かのために役に立てている自分を誇りに思えます。

本書を読まれた方が、ビジネスを創出する一歩を踏み出し、社会に貢献し、自分のやりたいことで輝いていただけたら、望外の喜びです。

キャリッジウェイ・コンサルティング
代表取締役　今井孝

事業計画から商品設計、
マーケティング戦略で成功する！

起業の仕方
見るだけ ノート
Contents

はじめに ……………………………… 2

Chapter 0
起業に
成功した人たちの
プロセスを知る

01 起業に成功した人　事例 1
片付けコンサルタント
価格設定、値上げ、週末起業家
……………………………………… 12

02 起業に成功した人　事例 2
英語コーチ
発信、副業 ………………………… 14

03 起業に成功した人　事例 3
料理教室講師
メンタルブロック、完璧主義者
……………………………………… 16

04 起業に成功した人　事例 4
ライター
サラリーマン感覚、起業＝リスクという考え ……………………… 18

05 起業に成功した人　事例 5
TikToker
発信力 ……………………………… 20

Chapter 1
時代の変遷と
ともにあった
4回の起業ブーム

01 戦後から計4回の
起業ブームが起きている
第四次起業ブーム、官製ファンド、
CVC ………………………………… 24

02 「スタートアップ 4.0」の
時代ってどういうこと？
スタートアップ 4.0、スモールビジネス
……………………………………… 26

03 一人でのつつましい起業なら
誰でもはじめられる
つつましい起業、副業 …………… 28

04 第一次起業ブームは
ベンチャー黎明期
第一次起業ブーム、学生起業家、
脱サラ起業家 ……………………… 30

05 第二次起業ブームは
カリスマの登場
第二次起業ブーム、ベンチャー三銃士 ……………………………………… 32

06 第三次起業ブームは
IT バブル期
第三次起業ブーム、IT ベンチャー、
IT バブル ………………………… 34

Chapter 2
ビッグアイデアが なくても 起業できる！

01 ビジネスに 新しい発想は必要ない
アイデア ………… 40

02 自分ブランドに こだわらなくてよい
売り、オリジナリティ、広告 ……… 42

03 リスクを取らずに 起業をはじめることは可能
リスク、借金 ………… 44

04 ビジネスモデルは 後から考えればよい
ビジネスモデル、ABC モデル
………… 46

05 あえて起業のデメリットを 書き出してみる
デメリット、ストレス ……………… 48

06 1日 30 分あれば 起業はスタートできる
時間術、資格 ………… 50

07 今の会社に勤めながら 練習を積んでみる
練習、テスト ………… 52

08 今の会社で実績ナンバー1を 作っておこう
実績、サクセスストーリー ……… 54

09 特別なスキルや資格を 取っておく必要はない
スキル、資格、人脈 ……… 56

10 失敗したら……をあえて 考えると恐怖心が減る
シミュレーション、ビジネス仲間
………… 58

11 不真面目なサラリーマンほど 起業でうまくいく
サラリーマン感覚、罪悪感 ……… 60

Chapter 3
起業するための 資金って 必要なもの？

01 お金のことが不安…… そんな時は書き出してみる
固定費、投資、売上目標 ……… 66

02 お客様はあなたの未来に 投資してくれるもの
スポンサー、クラウドファンディング、 投資 ………… 68

03 起業してからかかるお金を 計算してみよう
資本金 ………… 70

04 事業計画は 1年単位で大雑把に
事業計画書 ………… 72

05 人を雇うべき?
一人でできる規模で考えよう
雇用、外注 ………… 74

06 必要になったらバイトを雇う?
外注を検討しよう
助けてくれる人リスト ………… 76

07 クレジットカードや銀行の
口座は用意しておくべき?
クレジットカード、銀行口座、
屋号のついた口座 ………… 78

08 結婚や住宅など
大きなお金が動く問題は……
結婚、住宅 ………… 80

05 値下げはいつでもできるから
高単価で勝負しよう
値下げ ………… 94

06 利益を出すのは
お客様のため
利益 ………… 96

07 「数字に強い経営者」
でなくても大丈夫
決算、税務申告、税理士 ………… 98

08 モニターを募集して
実績を作ろう
実績、モニター ………… 100

09 商品の完成前に
チラシを作ってみると……
チラシ ………… 102

Chapter 4
シンプルに考えて
利益を出す
商品設計

01 「商品を売る」から
「価値を提供する」へ
相場、付加価値 ………… 86

02 価格設定に困ったら
3ステップで考える
価格設定、満足感 ………… 88

03 目標とする売上から逆算して
販売をイメトレする
目標売上 ………… 90

04 あなたの自信に合わせて
少しずつ価格を上げればよい
値上げ、価格設定 ………… 92

Chapter 5
苦手な人でも
効果を出せる
集客方法

01 集客とはお客様に
価値を知ってもらうこと
集客、宣伝 ………… 108

02 出会う人すべてが
大切な見込み客
見込み客、ファン、仲間 ………… 110

03 集客をシンプルに
4ステップで考えてみる
信頼関係 ………… 112

04 「買いたい」と思っている
人に出会おう
ターゲット ……………… 114

05 集客とは「与えること」と
考えて仲よくなろう
よい情報のおすそ分け ………… 116

06 積極的に他人に頼って
集客を進めよう
相談、アドバイス ……………… 118

07 はじめは大勢よりも
たった一人を大切に
最初のお客様 ………………… 120

08 効率は度外視して
たった一件に手間ひまを
口コミ、紹介 ………………… 122

09 集客後の共感が
次の集客につながる
満足度、共感 ………………… 124

10 集客しても「反応がない」と
がっかりする前に
反応率 ……………………… 126

11 いつの時代もどの集客ツール
でも人間心理は変わらない
AIDA ……………………… 128

12 お客様の話を聞くだけで
「買いたい」につながる
信頼関係 …………………… 130

13 深刻に考えすぎず
プロセスを楽しもう
集客の最終目標、初心 ………… 132

14 広告費をかけなくても
集客は成功する
広告、SNS ………………… 134

15 告知は見られないものと
あらかじめ心得ておく
告知 ………………………… 136

16 キャッチコピーは
お客様の目を引くために
キャッチコピー ……………… 138

Chapter 6
起業後も成長するための成功マインド

01 失敗の数をあえて
目標にしてみると……
失敗の数 …………………… 144

02 行動量、実践回数を調べて
真似してみる
行動量、実践回数 …………… 146

03 頭がモヤモヤしはじめた
時こそ答えが出る
ジレンマ、初心 ……………… 148

04 完璧主義から卒業しよう
自分なりの及第点で
完璧主義 …………………… 150

05 打ち手をたくさん用意すれば
歩みは止まらない
打ち手、想定内の事態 ………… 152

06 「小さな一歩からコツコツと」
が着実な成功につながる
小さなゴール、小さな目標達成
…………………………… 154

07 自分の弱みに合わせて
計画を組もう
現実的なスケジュール、計画
.... 156

08 最初の3年は限界まで
ガムシャラに働いてみる
仕込み、試行錯誤 158

09 自分なりの勝ちパターンを
つかんでおく
成功パターン 160

10 できる人ほど
他人を頼っているもの
サポート 162

11 自信があれば頭を下げる
こともいとわないもの
自信、素直な気持ち 164

12 売れている人を見たら
誰よりも応援する
批判、応援 166

13 先輩起業家と
どんどん親しくなろう
成功者 168

14 他人のビジネスを積極的に
手伝う人こそ成功する
サポート 170

15 プロジェクトごとに
少人数体制のチームを組む
チーム 172

16 「稼げなかった〜」という
時もホメポイントがある
自信 174

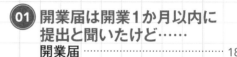

Chapter 7
起業時に
焦らなくても
大丈夫なタスク

01 開業届は開業1か月以内に
提出と聞いたけど……
開業届 180

02 開業届はなぜ出すの?
青色申告って何?
青色申告、開業届 182

03 起業後に発生する税金は
どのようなもの?
税金、税理士 184

04 ホームページ開設は
必要なもの?
ホームページ、無料ブログ、SNS
.... 186

05 補助金や助成金という手も
考えておく
補助金、助成金 188

06 お客様のためにルールや
契約書はあるとよい
ルール、契約書、キャンセルポリシー
.... 190

Chapter 8
ネット起業って どういうものが あるの?

01 ネット起業のメリットと
デメリットを知っておこう
ネット起業 ………… 196

02 パソコンとネット環境だけで
OK　起業資金はゼロ
ネット起業 ………… 198

03 パソコンや IT に苦手でも
心配しなくてよい
IT苦手意識 ………… 200

04 アフィリエイト広告って
どんなビジネス?
アフィリエイト広告 ………… 202

05 ネットショップとは
どのようなビジネス?
ネットショップ ………… 204

06 自分のスキルを活かし
クラウドソーシングで稼ぐ
クラウドソーシング ………… 206

07 あなたの教える技術が
ビジネスになる
先生業 ………… 208

08 あなたの得意を活用する
コンテンツビジネス
コンテンツビジネス ………… 210

09 最近人気のクリエイティブ系
お仕事とは?
クリエイティブ系のスキル ………… 212

10 オンラインサロンは
どのようなビジネス?
オンラインサロン、Clubhouse
………… 214

11 ネット起業でリスクを
なるべく回避するコツ
リスク、炎上 ………… 216

Column
歴史上に名を残した
人々の起業を知る

01 明治時代 ………… 36
02 戦前・戦後① ………… 62
03 戦前・戦後② ………… 82
04 第一次起業ブーム時代 ………… 104
05 ベンチャー三銃士 ………… 140
06 第三次起業ブーム時代 ………… 176
07 現代① ………… 192
08 現代② ………… 218

掲載用語索引 ………… 220

Chapter 0

KIGYOU marketing
mirudake note

起業に成功した人たちのプロセスを知る

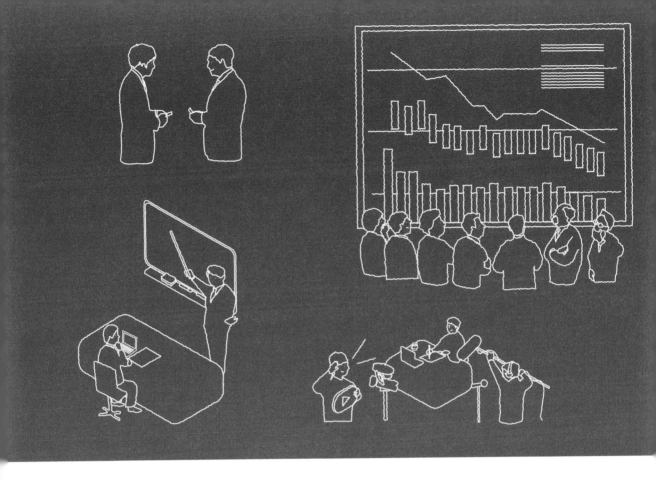

はじめに、実際に成功した起業例をご紹介します。5人の起業家に
インタビューを行い、起業に至るまでの経緯や失敗したこと、どの
ようにして失敗を乗り越えて成功を収めたのかをうかがいました。

01 起業に成功した人　事例1
片付けコンサルタント

伊藤かすみさん（女性・50代）が起業したのは40代後半。準備資金はほぼゼロ円からはじめ、今では年商3000万円。どのようにして成功したのでしょうか。

伊藤さんは2016年からオンライン上で、お客様一人一人の性格や行動を分析して最適な片付け方をアドバイスする「片付けコンサルタント」の仕事をしています。なんと、今現在のコンサルタント料金は初期価格の7倍以上で、年商は3000万円を超えるそうです。**価格設定**と**値上げ**はどんな起業家も迷うところ。どのようにして値上げに成功したのでしょうか。伊藤さんは起業した後、起業塾で「初期設定が安すぎる」というアドバイスを受けました。その理由は「お客様は自ら片付けをできるようになる。その人の将来を変えたのだから、価格はもっと上げてよい」でした。

0円で起業スタート

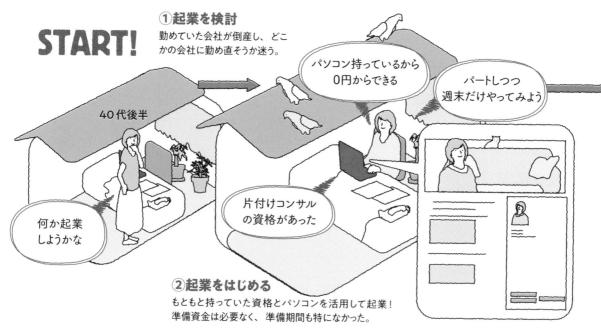

START!

①起業を検討
勤めていた会社が倒産し、どこかの会社に勤め直そうか迷う。

パソコン持っているから0円からできる

パートしつつ週末だけやってみよう

40代後半

何か起業しようかな

片付けコンサルの資格があった

②起業をはじめる
もともと持っていた資格とパソコンを活用して起業！
準備資金は必要なく、準備期間も特になかった。

確かに、伊藤さんのお客様は自然と片付けをできるようになり、「人生が変わった」とよく喜ばれるそうです。伊藤さんは、起業塾でのアドバイスで自らの仕事の価値を見直し、値上げを実行。すると、「価格をアップしたお客様のほうが成果もよかったことに驚きました！」。伊藤さんはたまたま持っていた片付けコンサルタントの資格を活かせる仕事で起業を決め、**週末起業家**としてスタート。ブログやFacebookなどで告知しながら集客し、今では、後進を育てるまでに起業を拡大。最後に起業を成功させるポイントについてうかがいました。「私は色々な起業家の方に会いました。たくさん稼いでいる人も、悩みは私と一緒というところに安心しました。たくさんの人から体験談を聞くのがおすすめです。ビジネスマインドが身につきますから」とのことでした。

お客様の反応がアップした

公式ブログ　https://ameblo.jp/flow-organize/

③軌道にのる
価格を見直したところ、お客様が減るどころか満足度が上がった。

自分でもできた!

人生変わりました!

成功談を聞く

年収1億の人でも!

私も最初は
お客様
一人でした

GOAL!!

名刺交換した
人に連絡

知り合い教えて!

毎日発信

起業塾でのアドバイス①
価格が低すぎる。自分の価値を再検討して（結果、お客様の成果も上がった）

起業塾でのアドバイス②
見込み客を増やすため、メルマガ登録を1か月で300人にしましょう（やればできて、達成感を感じた）

④今は順調に
価格は初期の7倍以上に。収入も上がって安定した。今は後進を育てることに専念している。

02 起業に成功した人　事例2
英語コーチ

会社に勤めながら、英語コーチとしての道を自らの力で切り開いた関口千恵さん（女性・30代）。関口さんも準備資金はほぼゼロ円。彼女の成功の秘訣は何でしょう？

関口さんは主に経営者向けに、ビジネス英会話や英語文章作成などの英語コーチをしています。今では自由を謳歌されていますが、はじめは会社に勤めながら、起業への準備を進めました。具体的には、友人や知人に向けてメルマガやSNSで英語コーチの情報を発信すること。これは、「**発信が重要**」という起業塾でのアドバイスを受けてのことでした。ところが、いざ退社して「さあ起業」という時は、折しも新型コロナウイルスの感染が広まった頃。関口さんは「今、私の仕事は必要だろうか？」とアクティブに営業できなくなってしまいました。

誰かをサポートできる仕事を

START!

なるほど

あなたの強みは？

②準備をはじめる
退社するまで2〜3年ほど友人・知人相手に無料で開催してみるなど準備を開始。

誰かの求めていることをビジネスにできる？

自分発信でコーチングの仕事がしたい！

①コンサルティング会社に勤務
自分発信で人にコーチする仕事をしたいと思っていた。

試しにコーチを受けてみない？

無料で教えてくれるの？

教えて

2020年6月に独立。発信が重要とレクチャーされ、SNSで情報を配信したり、交流会に積極的に参加して人脈を広げる。

14

関口さんは会社員時代、人事組織コンサルティングやリサーチの仕事をしていて、誰か他人の目標達成を支える仕事をしたいという思いがありました。自分の強みと世間のニーズを踏まえ、2017年に『捨てる英語勉強法』(明日香出版社)という本も出したことから、英語のスキルを活かす仕事に決めました。さて、関口さんは前述の挫折をどう乗り越えたのでしょうか。「今思えば、動きを止めたのは失敗だった。どこかに必ず私の助けが要る人がいる。つねに行動し続けるべきだ」と一念発起。「できることはすべてやろう」と活動し続け、徐々に集客も順調になり今に至ります。関口さんは自身の経験を踏まえて「まずは自信がつくまで**副業**から挑戦するのも手。副業していると経営者の目線がつき、会社員の仕事のコスパも上がりますよ」と語ります。

③挫折
社会情勢によって生徒さんが激減。アクティブに営業活動ができなくなってしまった。

こんな時に営業はよくないかな

今は必要ないのかな

活動が停止

ポイント①
どんな状況でも必要としてくれる人のために、できることをする。発信をやめたら駄目。

ポイント②
つねに行動すること。ひとり起業の人がメルマガやSNSの手を休めることは、会社員が会社を休むこと同じ。

経営が悪化してしばらくレッスンは休みに……

分かりました……

オンラインやオフィス出張で準備資金はほぼゼロ!

メルマガは続けています

これからは英語以外にコンサルティングもしたい

GOAL!!

一生懸命やっていると、お客様に喜んでもらえたという実感をつかめるように。価格も設定し直したが、満足度も上がった。

できることをすべてやろう。交流会も積極的に

④行動再開
昔の友人から会社の同僚まで、とにかくメッセージを送った。売り込みではなく、情報発信に専念して、見込み客を増やす。

公式ホームページ https://globalconnect.jp/

03 起業に成功した人　事例3
料理教室講師

発酵料理教室を開催している Mさん（女性・40代）。もともと料理が大嫌いで、自己肯定感も低かったという彼女は、どのようにして成功を収めたのでしょうか?

Mさんは 2017年春頃から青森県で料理教室を開いています。今や生徒さんのリピーター率は 70%!　しかし、起業当初から、このように成功していたわけではありません。最初は自信がなくて安いレッスン代で集客していたため、ずっと赤字続き。Facebook や Instagram で情報を発信しても、いまいち集客につながりませんでした。そこで、起業塾に入塾。「一番の成果は、**メンタルブロック**を外してくれたこと。お客様の将来が変わるかもしれない仕事で、自分の伝えたいことをちゃんと伝えられないままでは駄目だと分かりました」。

苦手を克服して起業

START!

料理嫌い〜

出来合いでいいや

①料理で健康に
料理が苦手で食事も出来合いのものばかりだったが、子どもがアトピーになったことから料理をするように。

子どものためにちゃんと料理しよう

子どもがアトピーに!

貯金も使おう

子どもが元気に!

②料理教室開催を決意
子どもが健康になり、この食事法を他人にも伝えたいと料理教室をはじめる。ワンルームを借りるべく資金を貯めたり借りたりした。

本格的に勉強しよう

お金借りよう

そもそもMさんは料理が大嫌い。しかし、お子さんがアトピーになったことから発酵料理に目覚め、食事管理も見直すことに。すると、お子さんはみるみる健康に。その経験を踏まえて、本格的に料理の教え方を勉強して、料理教室を開設。自宅以外で教室を設けるべく資金を貯め、2018年には日本政策金融公庫からも資金を借りることにしました。起業塾で学んだことはまだあります。「私は**完璧主義者**でしたが、苦手・不得意なことはやらなくてもよいと言われ、肩の荷が下りました。苦手だったSNSも、お客様目線の情報を楽しみながら発信できるようになりました」。「できない」から「できることをとにかくやってみる」のマインドに切り替えられ、新しく設立した法人もこれから本格始動します！と語る声は、とてもやる気に満ちていました。

③自信がなくて赤字続き

開業したものの、相場以下のレッスン代で集客して支出がかさむ。集客もSNSでしていたが、顔を出すことをためらい、いまいち効果が出ず。

公式Instagram　@aya_hakkobijin
一般社団法人発酵美人協会　公式サイト　http://hakko-bijin.com/

Instagramのフォロワーはお客様にならない

文章書くの苦手だからブログどうしよう

SNSで顔を出したくない

材料費のほうが高い

家事もちゃんとしないと

ポイント②
お客様の未来を変えうることをしているのだから、今やっていることをホメてあげて（「すごい自分よりも愛される自分になろう」と肩の力が抜けた）

相場より安いのに集まらない

④協会設立・後進育成も
「発酵美人」というマインドを伝えたい、それを手伝ってくれる人を育てたいと積極的に、前向きに活動。

ポイント①
大量行動が大切（不得意なことも「とりあえずやってみる！」と行動できるように）

顔を出すことに迷いがなくなる

苦手なメルマガはやらなくてもいい

見ている人のためになることをアップ

Instagram

先生に教えてほしい

また来ました！

値段よりも価値で選んでくれる！

04 起業に成功した人　事例4
ライター

エンジニアとして会社に勤務しながら、念願のライターデビューや年収1000万円も実現させた蔵本貴文さん（男性・40代）は、どのようにして夢を叶えたのでしょうか。

蔵本さんは大手半導体企業に就職しましたが、編集者に憧れ、本を出したいという夢を持っていました。そこで、起業準備として3〜4年、100万円ほどかけて色々なセミナーに参加したそうです。しかし、「テクニックや知識の蓄積は必要ありませんでした。私はかなりのお金や時間をかけましたが、結局、心にブロックがかかり動き出せなかった」と振り返ります。蔵本さんはまず出版セミナーに参加し、2014年に数学に関する本を刊行することに成功。この本は好評で、その後も、少しずつライティングの仕事を続けてきました。夢実現と思いきや……。

テクニックよりもはじめの一歩が大切

①エンジニア職に就く
大手半導体企業のエンジニアとして働く一方で、本を出版してみたいという目標も持っていた。

START!

エンジニアになったけど

本を出してみたい

企画が通って数学の本を出せた！

②出版セミナーなどに参加
会社の業績が悪くなり、ライターの仕事を模索しはじめる。その中で、出版セミナーや起業セミナーなどで勉強を重ねる。

数学 大百科事典

なるほど

文章の書き方

起業の仕方

3〜4年かけて100万円ほど投資！

「私は**サラリーマン感覚**があって、なかなか自分を売り込めなかった」「多額の報酬をもらうことに躊躇する気持ちもあって、次の仕事に進めませんでした」とつまずきます。しかし、起業塾に参加し色々な起業家と出会うことで、マインドが変わります。「一見ビジネスと無縁そうな子持ちの主婦や看護師さんが起業して、大金を稼ぐようになるのを見て、自分にもできるかも！と思えたのです」。やがて集客にも変化が。「交流会で積極的に話しかけられるようになりました。自分を売り込むというよりも、相手の話を聞き、役に立てそうなことを提案するという感じです」。今や多数の書籍を手がけ、本業と合わせて年収 1000 万円を超えました。「**起業＝リスクという考え**を持っている人は起業家の輪に入り、体験談を聞くことが大切」と力強く語ります。

④マインドを切り替える

起業家の交流会に参加。成功談を聞いていると自分にもできそうと思えてきた。雑談しながら相手の悩みを聞き出せるようになり、それが仕事につながる。

え、こんな人が成功者？

力になりますよ

文章が苦手でね

③なかなか売り込めない

ライターとしての最低限の技術は身につけたものの、自分をPRすることができず、なかなか仕事が取れなかった。

どう自分をPRすればいい？

どんな起業を？

こんなできでお金をもらっていいの？

ポイント①
引き受けることは怖いかもしれないけど、全力で尽くせばお客様に伝わる。仕事前に悩むのではなく、やってから考えれば十分。

ポイント②
メルマガなどでとにかく露出をすること。どんな人が後から連絡をくれるかは分からないものだから。

売り込まなくても声はかける

ブログは活動報告の場に

公式メルマガ https://mail.os7.biz/b/qAnS

05 起業に成功した人　事例5

TikToker

総フォロワー数45万を誇る人気TikTokerのガリレオさん（男性・27歳）。YouTube
やInstagramではフォロワー数が伸びなかったとか。成功するまでをうかがいました。

ガリレオさんは今でこそ、TikTokで大成功を収めていますが、実は先にYouTubeやInstagram
でもコンテンツを発信していました。しかし、こちらはあまりフォロワー数が伸びませんでした。
当時、YouTubeの登録者数を増やすためのコツとしてTikTokがあることを知り、挑戦します。「僕
は、他の人がやっていないことをすべきだと思っていたけど、大きな市場に参入するほうがよい、
と真逆のアドバイスをもらいました」。そこで、10代に人気の恋愛系のコンテンツからはじめてみ
て、そこでつちかったノウハウを活かして、健康系、そして教育系に転換してバズります。

発信力の強い人こそ成功する

ニュースに対する自身の考え方や、皆が意外と知らない基礎知識などを発信しています。配信タイミングを見極め編集にこだわり、いかに見てもらうかを意識しながら、情報の信頼性を上げ継続的に発信することで、着実にフォロワー数を増やしていきました。ガリレオさんはもともと大学職員時代に、組織ではなく自分の能力に頼るべきだと WEB広告の営業職に転職。そして2019年12月、インフルエンサー会社の営業統括として勤めるかたわら、自身の**発信力**を高めたいと TikTok を開始。今は、公式 TikToker のインフルエンサーとしての活動や、TikToke の企業アカウントのコンサルもしています。最後に、起業家として成功するためのガリレオさんの信条は？ 「まず行動する。失敗した時に改善点を見直す。これをセットにすることが大切です」。

④登録者数などがなかなか伸びない

YouTube や Instagram をはじめたものの、フォロワー数や登録者数は伸び悩む。

「ブルーオーシャン」とは競争相手のいない未開拓の市場。

反応がない

TikTokから数字を伸ばすらしいよ

ニッチな市場を狙ったら魚がいなかった……

TikTokはこれから伸びるジャンルかも

⑤どんなコンテンツを発信?

TikTok に転向する。発信するジャンルに迷ったところ、「ブルーオーシャン」は避けたほうがよいとアドバイスをもらう。

編集にこだわる

ニーズのある大きな市場のほうがバズりやすい

他の人がやっていないことをしたい!

信条は行動する。うまくいかなかったら悩む前に改善点を探す!

⑥フォロワー数を増やして発信力をアップ

動画をバズらせ再生回数を伸ばすために、編集で差別化を図り、情報の信用度を上げることに。

うっせい

うっせいわ

世間の注目する時期を戦略的に狙う

動きに合わせてテロップを出す

公式 TicToke　@galileotiktok

21

Chapter 1

KIGYOU marketing
mirudake note

時代の変遷とともに
あった4回の起業ブーム

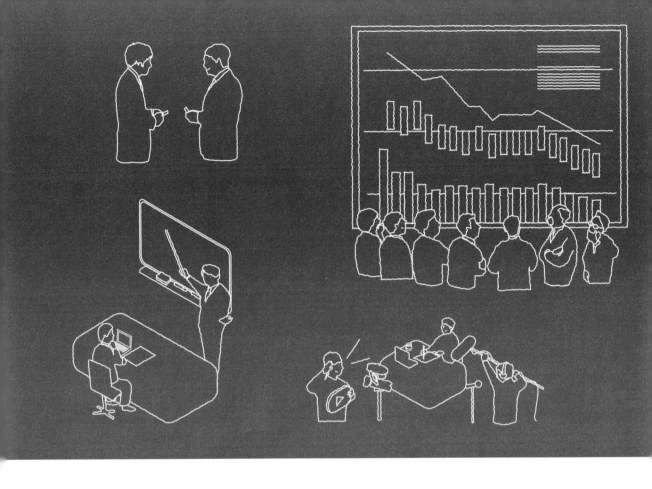

現代の日本では第四次起業ブームが起きているといいます。どのような特徴か、それ以前とは何が違うのか、俯瞰してみましょう。そして、今の時代に合う起業スタイルについてもご紹介します。

01 戦後から計4回の起業ブームが起きている

現在、第四次起業ブームが起きています。2013年頃からの金融緩和政策がその背景にあり、大企業では難しいイノベーションが期待されています。

現在の日本では**第四次起業ブーム**が起きているといわれています（第一次〜三次の起業ブームについては30〜35ページで解説します）。AIやIoT、ビッグデータを軸とする第四次産業革命によって既存のビジネスを覆すようなサービスが、このブームの中で生まれました。この期間に登場した有名企業としては、メルカリなどが挙げられます。かつては学生などの若い世代が起業することが多かったのですが、第四次ブームでは中年層が起業する例も多く、その中には起業に社会的意義を見出して自分のモチベーションとしている人もたくさんいます。

第一次〜四次起業ブームの流れ

第二次起業ブーム
（1980年代前半）

流通やサービス業を中心とした第三次産業が拡大した時期。この頃のベンチャー企業として「ソフトバンク」「パソナ」「エイチ・アイ・エス」などが挙げられる。

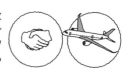

石油ショック（1973年）により消沈

第一次起業ブーム（1970年前後）
高度経済成長期に当たり、研究開発型のハイテクベンチャー（「日本電産」「キーエンス」）や外食ベンチャーが多く設立され、他に「ぴあ」「コナミ」なども誕生。

第四次起業ブームが起きた要因として、デフレ脱却を目指す金融緩和政策があります。この政策を背景として**官製ファンド**、**CVC（コーポレート・ベンチャー・キャピタル）**ファンドが相次いで設立されました。政府はベンチャー育成を重要課題ととらえていたので、官民一体のファンドも作られています。また、大企業からもベンチャー起業へリスクマネー（短期間で高い利益を得ることを目指す運用資金）が投入されたのです。全世界的にグローバル化が進む現在、大企業の従来のビジネスモデルでは生み出せないイノベーションへの期待も高まって、起業ブームを後押ししています。新進企業ならではの柔軟なグローバル化への対応やニッチ市場への進出なども期待されています。

第三次起業ブーム（1995年前後）

バブル崩壊で日本経済が長期不況期に入った一方で、ネット産業が盛り上がり、「Google」や「楽天」、「サイバーエージェント」といったIT企業が誕生した。

第四次起業ブーム（2013年頃～）

様々な産業でデジタル化が進み、AI（人工知能）といった新技術への注目がアップ。また、日本初のユニコーン（26ページ参照）企業である「メルカリ」が上場を果たした。

ネットバブル崩壊・ライブドアショックなどで消沈

祝上場 mercari

円高不況のあおりで第二次起業ブームは消沈

「スタートアップ 4.0」の時代ってどういうこと？

新しいビジネスモデルによって起業する「スタートアップ」。第四次起業ブームでは、多くの起業家たちがスタートアップに挑戦しています。

第四次起業ブームは「**スタートアップ 4.0**」とも呼ばれています。スタートアップは日本語にすると「行動開始」といった意味になります。ビジネスの世界においては、新しいビジネスモデルで急成長して利益を獲得することを目指す組織を指します。もともとは IT 企業が多く集まるアメリカのシリコンバレーで使われていた言葉であったため、スタートアップ企業にはテクノロジーを活用した企業が多く見られます。シリコンバレー以外では、「**アジアのシリコンバレー**」ともいわれる中国の深圳がスタートアップの聖地として知られています。

スタートアップ起業とは何か

スタートアップとは、比較的新しいビジネスで短期間に急成長し、大きな成長を継続できる企業・事業のこと。

One point

ユニコーンとは、評価額が約10億ドル以上などの条件を満たす未上場企業。フリマアプリを運営する「メルカリ」は日本初・唯一のユニコーンだったが、2018年に東証マザーズへ上場。

こういう新薬があるといいな

将来必要なプロジェクトです

①アイデアを思いつく

②プロトタイプを作る

③投資家を見つける

④開発

GOAL!!

起業家

イノベーションを起こし、爆発的な成長と収益を見込めるビジネスがスタートアップ。

26

スタートアップの他に、「**スモールビジネス**」という起業の形式もあります。スモールビジネスは小規模で行うビジネスであることが多く、スタートアップのような急成長は目標としていません。スモールビジネスが目指しているのは、着実な成長と、着実なリターンなのです。また、スタートアップ、スモールビジネスに似た単語として「ベンチャー企業」という言葉もあります。日本でベンチャー企業と呼ばれるのは、独自のアイデアや技術を元に新ビジネスに挑戦している、比較的設立年数の若い会社のことです。小規模から中規模であることが多く、新興企業ともいいます。ちなみに、「ベンチャー」は和製英語で、英語でベンチャーは投資する企業や投資家のことを指します。

スモールビジネスとは何か

スモールビジネスとは

安定した流れで着実に成功できた

銀行などから融資

GOAL!!

既存のビジネスモデルを利用してはじめよう

起業家

時間をかけて着実な成長を見込めるビジネス。スタートアップと比べて、すでに市場が存在する分野で新事業を起こす。

スタートアップとスモールビジネスの違い

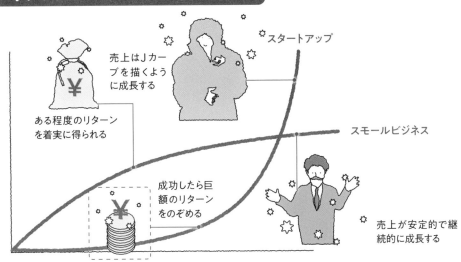

売上はJカーブを描くように成長する

スタートアップ

ある程度のリターンを着実に得られる

スモールビジネス

成功したら巨額のリターンをのぞめる

売上が安定的で継続的に成長する

27

03 一人でのつつましい起業なら誰でもはじめられる

前ページで紹介したような先端技術を利用したスタートアップだけが、起業ではありません。むしろ、つつましい起業こそ今の時代にふさわしいのかもしれません。

24ページにも書いた通り、起業家が資金を集めやすくなり、第四次起業ブームが起こりました。さて、起業というと、最新の技術を活かしたスタートアップのビジネスばかりを連想するかもしれませんが、必ずしも、起業はそうした派手なものばかりではありません。地味でつつましいビジネスの起業で成功している人もたくさんいるのです。**つつましい起業**は規模が小さいものばかりです。大きな資金や特別なスキルを必要としないことがほとんどなので、すぐにでもはじめられるというメリットも持っています。

第四次起業ブームで変わるヒトとカネ

かつての日本の会社員は、定年まで同じ会社に勤め続ける終身雇用制度の中で生きていました。ですが、2019年にトヨタ自動車の豊田章男社長や経団連の中西宏明会長などの財界人が終身雇用の限界を訴えたように、会社が会社員を守る時代は終わったといってよいでしょう。それを象徴するように、2020年の段階で約5割もの会社が社員の**副業**を認めています。副業・兼業の延長線上で起業を考えている人もたくさんいます。2020年に起きたコロナ禍で在宅ワークが増えたことにより、副業・兼業を発展させた起業に踏み出しやすくなったといえそうです。つつましい起業で行うビジネスの例としては、Excelなどを利用したデータ集計・管理、PowerPointを使った資料作成などがあります。

ニーズが高まる起業スタイル

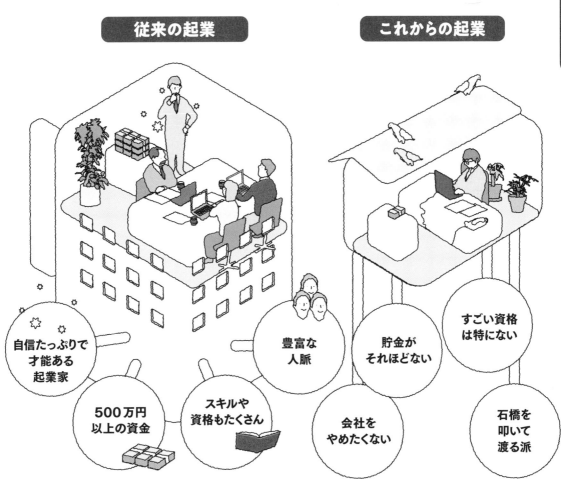

従来の起業

これからの起業

自信たっぷりで才能ある起業家

500万円以上の資金

スキルや資格もたくさん

豊富な人脈

貯金がそれほどない

すごい資格は特にない

会社をやめたくない

石橋を叩いて渡る派

第一次起業ブームは
ベンチャー黎明期

第一次起業ブームは、日本の高度経済成長期の中で起きます。サラリーマン的な人生にとらわれない起業家たちによって現在も続く有名企業が立ち上げられます。

第一次起業ブームは、1960年代の後半にはじまり、1970年代の前半まで続きました。当時の社会背景について詳しくは後述しますが、日本が経済的に急成長する中で会社員にとらわれない生き方を志向する人たちが現れたのです。彼らの中から**学生起業家**やサラリーマンをやめる**脱サラ起業家**が生まれました。起業ジャンルは研究開発型のハイテクベンチャー、外食ベンチャーなどです。有名な会社としては、キーエンス、日本電産、日本マクドナルド、すかいらーく、コナミ、ぴあ、アデランス、大塚家具、セコムなどがあります。

1960〜1970年代前半まで

東京オリンピックや大阪万博などの経済特需もあり、1968年には国民総生産（GNP）が世界第2位に。

会社に頼らない働き方を選択する会社員、大学在学中に起業する学生起業家が登場。

30

当時は1955年からはじまった高度経済成長期の最盛期でした。1964年に東京オリンピックが開催され、インフラが整備されて日本の景気は高まり、1968年に日本のGNPが世界2位となり、経済大国の地位を獲得しました。前述の通り、そんな好景気の中で会社員にとらわれない生き方をする人たちによる独立開業が増加します。1963年に中小企業・ベンチャー企業を支援するための中小企業投資育成株式会社が設立されたことや、現在のジャスダックにつながる日本証券業協会による店頭登録制度の創設、VC（ベンチャー・キャピタル）や支援事業の立ち上げも第一次起業ブームを支えました。現在も続いている有名企業まで生み出したブームでしたが、1973年の第一次石油ショックによる不況で終焉を迎えます。

代表企業

現在も続く大企業の登場

学生起業家の先駆的な存在、「リクルート」が創業（1960年）したのもこの頃。

VC（ベンチャー・キャピタル）設立ラッシュ

1973年に生まれた「ジャフコ」などVCが続々と立ち上がった。

セコム

すかいらーく

リクルート

世界では……
Apple（1976年）
Microsoft（1975年）

終焉

オイルショックで不況になる

日本マクドナルド

コナカ

ニトリ

原油が高騰!!

まだベンチャーに対する認知度が低かった時代だが、「ジャフコ」などVCが誕生した。

31

05 第二次起業ブームは カリスマの登場

第二次起業ブームはカリスマ起業家を生み出します。また、日本の産業構造が大きく
変わっていった時期だったことも起業家たちを後押ししました。

第一次起業ブームの終焉から10年後の1980年代前半に再び起業ブームが到来します。**第二次
起業ブーム**の特徴としては、カリスマの登場という点があります。「**ベンチャー三銃士**」と呼ばれて
注目されたのが、ソフトバンクの孫正義氏、H.I.Sの澤田秀雄氏、パソナグループの南部靖之氏
です。彼らは学生時代の起業から実績を上げていて、若手起業家の代表と見られていました。
第二次起業ブームにおける、その他の有名企業としては、TSUTAYAのCCC（カルチュア・コ
ンビニエンス・クラブ）、ゲームのスクウェア、住宅のアイフルホームなどがあります。

1970年代後半〜1980年代前半まで

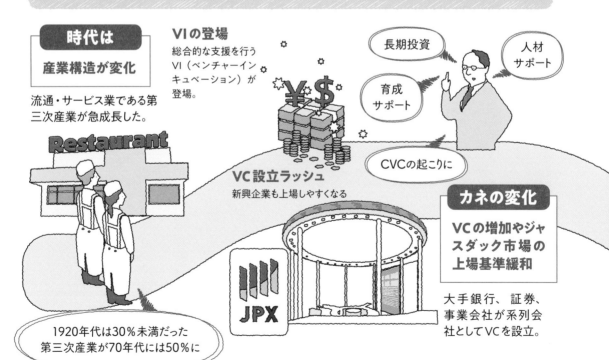

時代は
産業構造が変化

流通・サービス業である第
三次産業が急成長した。

VIの登場
総合的な支援を行う
VI（ベンチャーイン
キュベーション）が
登場。

長期投資

人材
サポート

育成
サポート

CVCの起こりに

VC設立ラッシュ
新興企業も上場しやすくなる

カネの変化
**VCの増加やジャ
スダック市場の
上場基準緩和**

大手銀行、証券、
事業会社が系列会
社としてVCを設立。

1920年代は30％未満だった
第三次産業が70年代には50％に

アメリカでも 1970 年代末から 1980 年代前半にかけてベンチャーブームが起き、それと重なる時期に日本で第二次起業ブームが起きます。要因としては、1983 年のジャスダック市場の上場審査基準の緩和などが挙げられます。当時の日本は、流通・サービス業を中心とした第三次産業が拡大して産業構造が変化している時期でした。重厚長大な製造業と違って、第三次産業はベンチャー企業が参入しやすかったので、産業構造の変化も起業家には追い風になったのです。そんな第二次起業ブームは円高不況で終わります。1985年にドル高是正を目的としたプラザ合意が日本やアメリカなどの間で結ばれた結果、日本は円高で輸出が減少して不況になったのです。1986 年には勧業電気機器などの有力ベンチャーが相次いで倒産しました。

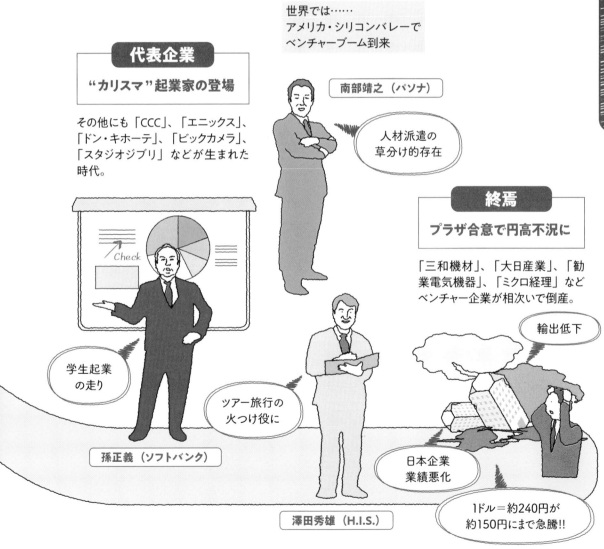

世界では……
アメリカ・シリコンバレーで
ベンチャーブーム到来

代表企業

"カリスマ"起業家の登場

その他にも「CCC」、「エニックス」、「ドン・キホーテ」、「ビックカメラ」、「スタジオジブリ」などが生まれた時代。

南部靖之（パソナ）

人材派遣の
草分け的存在

終焉

プラザ合意で円高不況に

「三和機材」、「大日産業」、「勧業電気機器」、「ミクロ経理」などベンチャー企業が相次いで倒産。

輸出低下

学生起業
の走り

ツアー旅行の
火つけ役に

日本企業
業績悪化

孫正義（ソフトバンク）

澤田秀雄（H.I.S.）

1ドル＝約240円が
約150円にまで急騰!!

06 第三次起業ブームは ITバブル期

バブル経済が崩壊して景気が停滞する中、政府は景気回復への活路を見出すため、ベンチャー企業の育成を目指します。これによって第三次起業ブームが到来しました。

第三次起業ブームは、1995年前後から2005年頃まで約10年間続きます。この期間の長さが、第一次や第二次ブームの時とは異なる第三次ブームの特色です。1995年に Windows95 が発売されてパソコンが普及したことで、世界的に IT の需要が増大していました。第三次起業ブームの中でも多くの **IT ベンチャー**が誕生します。主な有名企業は楽天、GMO インターネット、サイバーエージェント、DeNA などです。アメリカにおいても Amazon、Google、Yahoo! が登場していて、まさに「**IT バブル（ネットバブル)**」とも呼べる状況でした。

１９９０年代中頃〜２０００年代前半まで

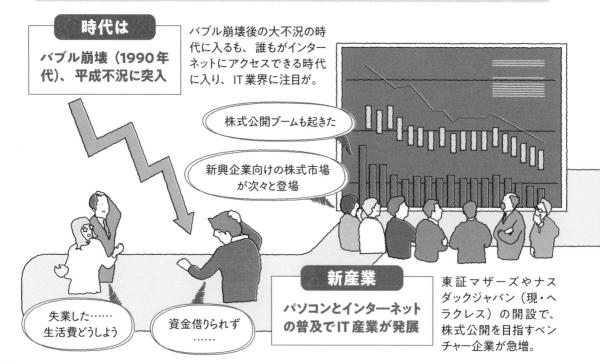

時代は

バブル崩壊（1990年代）、平成不況に突入

バブル崩壊後の大不況の時代に入るも、誰もがインターネットにアクセスできる時代に入り、IT業界に注目が。

株式公開ブームも起きた

新興企業向けの株式市場が次々と登場

失業した……生活費どうしよう

資金借りられず……

新産業

パソコンとインターネットの普及でIT産業が発展

東証マザーズやナスダックジャパン（現・ヘラクレス）の開設で、株式公開を目指すベンチャー企業が急増。

ブームがはじまった1995年頃の日本はバブル経済が崩壊し、長期的な不況に突入していました。こうした経済状況を打破するため、政府はベンチャー企業を育成しようとします。1995年に施行された中小企業創造法、同年に発足した第二店頭株市場（ベンチャー企業向けの株式市場）など、行政の主導で様々なベンチャー支援策が実施されました。1999年には東証マザーズ市場、2000年には札幌のアンビシャス市場が設立されます。こうしてベンチャー企業が株式公開しやすくなった状況がそろいました。ですが、2001年頃にはITバブルが弾けて多くのITベンチャーが打撃を受けます。2006年にはライブドア事件によってライブドア関連銘柄の株価が暴落。これらの影響によってブームは終焉を迎えました。

代表企業

ITバブル期突入

第一次・二次起業ブームのように短期間で終わらず、今もブームは続いているとされる。株式市場の指標となっているFANG（Facebook、Amazon、Netflix、Google）はこの時期に生まれた企業。

One point

起業家に対し資金を提供する裕福な個人、エンジェル投資家が登場。投資の見返りは株式や転換社債を受け取る。

Yahoo!Japan、楽天、サイバーエージェント……

世界では……
・Google（1998年）
・Yahoo!（1994年）
・Amazon（1994年）
・Facebook（2004年）

エムスリー、スタートトゥデイ

ぐるなび

LINE、ミクシィ、ガンホー

企業が次々と倒産し経済が落ち込んだ……

終焉

ITバブルの崩壊

ライブドアショックや村上ファンド事件などにより、株式市場が暴落し、ベンチャー企業への信用が失墜。

歴史上に名を残した人々の起業を知る

明治時代

渋沢栄一（しぶさわ えいいち）

「日本資本主義の父」と称賛

埼玉県の農家に生まれ、幕臣としてフランスへ渡航。そこで学んだ株式会社という理念を日本に持ち帰り、大蔵省で財政・金融制度の整備に着手。やがて退官し、民間の実業家として、第一国立銀行（現・みずほ銀行）や東京海上保険（現・東京海上日動火災保険）、サッポロビール、帝国ホテルといった500もの企業の創立に関わった。

▼

社会のためになる事業を

今に残る数々の大企業に携わった渋沢だが、彼はお金儲けのために色々な事業を起こしたわけではない。行動の根本には「論語と算盤」、すなわち、道徳に基づいたビジネスを行うべきである、という理念があった。だからこそ、600もの社会公共事業にも積極的に尽力し、後世、多くの後進から非常に信望を集めていたという。

岩崎弥太郎（いわさき やたろう）

三菱グループの創始者

高知県の下級武家の生まれ。32歳で土佐藩の貿易主任に従事し、明治維新後は海運業に着手し活躍。やがて三菱財閥の初代統帥となり、現・三菱グループのいしずえを築いた。日本三大財閥の中でも三井、住友は江戸前期から続く豪商だが、三菱は岩崎が35歳の時に創業したもの（1870年に後の三菱商会となる九十九商会を立ち上げる）。

▼

武士の意識を捨てて

岩崎は若い頃の投獄中に商人から習った算術を活かして政商として活躍した。当時、武士に商売は必要ではないという差別意識が強かったにもかかわらずだ。また、三菱商会では、武士の面子を捨て切れず笑顔の対応ができない従業員に対し、「お客様を小判と思え」と指導。従来の価値観に縛られない精神で成功を収めていった。

岩垂邦彦（いわだれ くにひこ）

エジソンをうならせた NEC 創業者

生まれは福岡の武家で、29歳で渡米し「発明王」エジソンの会社に入社。エジソンのもとで電気・電信技術を習得した。帰国後は大阪電燈（現・関西電力）設立に携わり、初代技師長に。そして、日本初の外国資本との合併会社である日本電気株式会社（現・NEC）を設立し、日本の電気業界の発展に大きく貢献した。

▼

信念を貫き行動する

文明開化の象徴・電燈照明。東京銀座の日本初の電燈は直流による送電で、大阪電燈はまだ一般化していなかった交流による送電方式を採用。岩垂は「10の得意先を失えば、それに代わる20の新しい得意先を開拓しよう」という信念で、営業活動を行う。岩垂は技術者でありながら得意先の開拓を自ら進めたのだ。

（文責：GB 編集部）

Chapter 2

KIGYOU marketing
mirudake note

ビッグアイデアが
なくても起業できる!

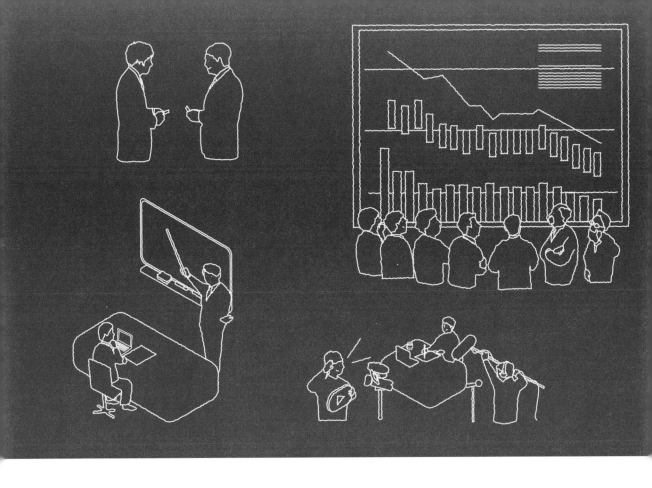

起業をしてみたい・してみようかなと思ったら、 実際に起業する前に
できることはたくさんあります。 会社で働きながらできることもあります。 まずは、 起業前に知っておきたいことをお伝えします。

01 ビジネスに 新しい発想は必要ない

斬新なアイデアや大きな夢を持った起業家が、メディアではよく取り上げられます。そんなビッグアイデアや夢がないと起業することはできないのでしょうか？

「まだ誰も思いついていない**アイデア**で勝負してやる！」と意気込んで起業を目指す人も多いことでしょう。たしかに誰も思いつかないようなアイデアで事業を立ち上げて成功した人もいますが、それは一握りの存在です。「奇抜なアイデアがある＝起業する資格がある」ということだと、大半の起業家は起業できていません。ありきたりのアイデアでもビジネスを成功させた人はたくさんいます。重要なのは行動することです。行動することではじめて試行錯誤することが可能となり、ありふれたアイデアを成功する事業に育てることができるのです。

画期的なアイデアは不要

失敗パターン

人を驚かすアイデアが思いつかない

世間の人をアッといわせるアイデアが思いついたら起業しよう……では時間ばかりが経ってしまう。

GAFAみたいなビッグビジネスがしたい！

START!

新ビジネスを立ち上げよう！

成功パターン

誰かHPを更新してほしい

「～できない」を代わりにする仕事

人を惹きつける話し方についてレクチャーします

手伝うよ

ビジネスはありふれたものを売る、もしくは、他人が困っていることを代わりにやる、それが第一歩としてはベスト。

売れなかった……

失敗パターン

今までにない新商品や新サービスが売れるとは限らない。在庫に埋もれて過ごすのは精神的にもつらいものだ。

40

起業に際しては、画期的なアイデアを持っているかどうかよりも、自分がやりたいことをまず大切にしましょう。また、経営が安定した状態になっていれば奇抜なアイデアで冒険的な事業に乗り出しても構いませんが、ありきたりなアイデアのビジネスのほうが無難で着実です。起業で成功した人が高尚なビジョンを語っているインタビューをよく見かけます。「自分には人に語れる夢がない」「大きな目標がないとみっともなくて、積極的に人に話しかけられない」とコンプレックスを持ってしまうかもしれませんが、他人に語れるような夢がなくても問題ありません。あなたの中に言葉にできないパッションがあるなら、むしろ、そちらのほうがパワーを生み出してくれるので大事にしたほうがよいでしょう。

「夢」は語れなくていい

ビッグドリーム、他人に胸を張って語れる夢がないと起業しても恥ずかしいと思っている人は、一生起業できない。

「夢」とまではいかなくても、「やりたいこと」があれば、それで十分だ。実はそれが「夢」であることに気づかない人が多い。

41

02 自分ブランドに こだわらなくてよい

自分だけのオリジナル商品を自分だけのやり方で売る。そんなこだわりは起業では必要ありません。最初は他人の真似からはじめてよいのです。

せっかく自分の会社を立ち上げたのに、他社の下請けの仕事ばかりで自分の商品を世に出せていない。こうした悩みを抱える起業家もいます。ですが、最初はオリジナル商品にこだわる必要はありません。むしろ、他社の商品を扱う中で学べることを学べばよいのです。お金を稼げるだけでなく、自分のスキルを磨けて、実績も得られて大きなプラスになります。他社の下請けだと自分の「**売り**」が活かせないと思うかもしれませんが、自分で考える「売り」にこだわらず、「何でもやります！」というスタンスで経験を積むのも一つの方法です。

独自アイデアにこだわらない

売れ筋や定番のグッズを調べて同じものを販売したり、同じ仕事をしている人の集客方法を参考にしたり、と他人に倣おう。徐々に自分らしさが出てくる。

はじめから独自のメニューで勝負するよりも、定番メニューや商品から売ってみて、お客様に認知されてきてから少しずつオリジナリティを出すと低リスク。

商品だけでなく、仕事のやり方も**オリジナリティ**にこだわる必要はないでしょう。成功している人のビジネススタイルは大いに真似するべきです。その際に参考になるのが**広告**です。広告は新聞や雑誌のものでもWEBのものでも電車の中吊り広告でも、媒体は何でも構いません。広告を見たら、「この商品はどういうターゲットに向けたものなのか」と考えるようにします。そうすることで、その会社がその商品の特色をどう考えているのか、そのターゲット層をどのようにとらえているのかなどが見えてきます。その中で、自分のビジネスに役立つヒントが得られるかもしれません。参考にできるものがあれば、自分のビジネスに取り入れましょう。他人の真似からはじめても、問題は全くないのです。

「強み」は教えてもらえばよい

POINT
「強み」は
教えてもらえばよい。
悩むのは時間の無駄だ。

私は
締切を守ります!!

Aさんは
納期が早くて
助かるよ

他の人にも
紹介するね

PRポイント
がない

仕事だけで
なく話していて
楽しいからまた
仕事したいよ

「納期を過ぎません」「あなたと仕事していると楽しい」　そんなものが強み？　と思うかもしれないが、依頼者にとっては大事なことだったりするもの。

いいですよ

サイトの原稿を
書いてほしいんだ

他の人より秀でて
いるところって……

POINT
・強みは、意外と依頼主が
　教えてくれる
・他人より突出した強みでなくてもよい
・当たり前のことが
　できることこそ、強み

43

03 リスクを取らずに起業をはじめることは可能

起業にはリスクがつきものと考えていませんか？　リスクを取らずに起業することはできます。まずは無料でできる作業から着手してみるのも一つの手です。

リスクを取って勝負に出たから、大きな成功を得られた。こうしたエピソードは映画や漫画のようなフィクションならば格好よい話として楽しめます。ですが、実際に自分がその場に置かれた場合には、**リスク**を取ることに恐怖を感じて足がすくんでしまう人も少なくありません。リスクを取るのが怖いのは当たり前のことです。「他の人はリスクを取れるのに、自分には勇気がなくてそれができない」と考えて落ち込んでしまう必要はありません。起業において、自分の勇気や自信を他人のものと比べる必要はないのです。

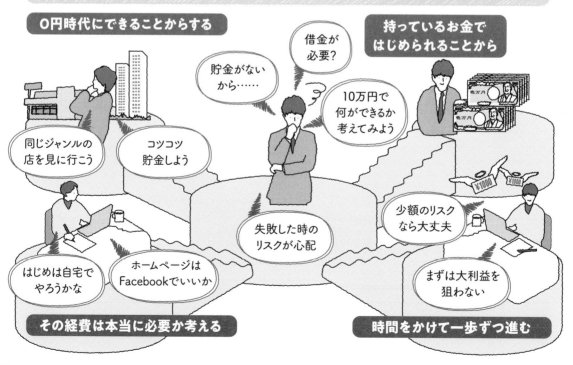

発想を変えるとうまくいく

そもそも、「リスクを取る」とは、失敗しても問題ない範囲で最大限の挑戦をすることです。失敗したら破滅してしまうようなことにまで手を出すのは、ただただ無謀なだけです。起業における典型的なリスクは**借金**でしょう。自己資金のない人が借金をして起業するのも一つの方法ではありますが、起業のための準備としてやれることの中には、市場調査、SNS、人脈作りなど、無料や少額でできることもたくさんあります。お金がない場合でも起業のために今すぐできることはあるのですから、まずはそこからはじめてみましょう。お金がかかると思い込んでいるサービスでも、精査すれば料金を抑えられたり無料にできたりする方法が見つかることもあります。お金に関しても、よく調べれば無駄なリスクを避けることが可能なのです。

「起業＝大金」思想の捨て方

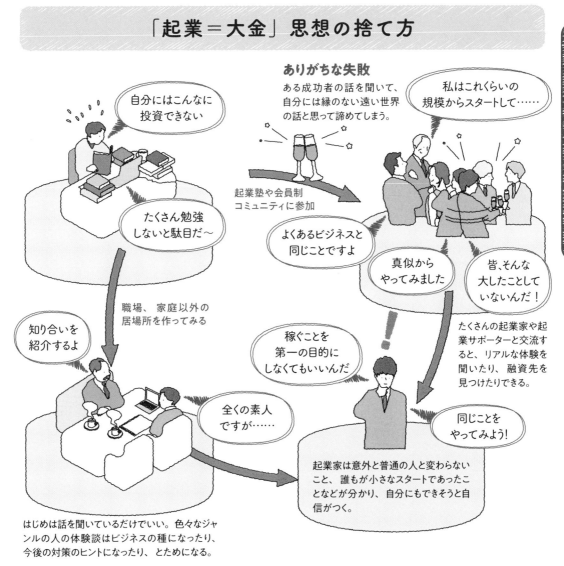

自分にはこんなに投資できない

たくさん勉強しないと駄目だ〜

ありがちな失敗
ある成功者の話を聞いて、自分には縁のない遠い世界の話と思って諦めてしまう。

私はこれくらいの規模からスタートして……

起業塾や会員制コミュニティに参加

よくあるビジネスと同じことですよ

真似からやってみました

皆、そんな大したことしていないんだ！

知り合いを紹介するよ

職場、家庭以外の居場所を作ってみる

稼ぐことを第一の目的にしなくてもいいんだ

たくさんの起業家や起業サポーターと交流すると、リアルな体験を聞いたり、融資先を見つけたりできる。

全くの素人ですが……

同じことをやってみよう！

起業家は意外と普通の人と変わらないこと、誰もが小さなスタートであったことなどが分かり、自分にもできそうと自信がつく。

はじめは話を聞いているだけでいい。色々なジャンルの人の体験談はビジネスの種になったり、今後の対策のヒントになったり、とためになる。

45

04 ビジネスモデルは 後から考えればよい

起業する上では、優れたビジネスモデルをあれこれと考案することよりも、お客様にとって価値があるかどうかのほうが重要なのです。

やりたいことがあって、それで起業したいけど、それをどうお金に結びつければいいか分からないという人がいます。一言でいえば、その人は**ビジネスモデル**が思いついていないのです。ですが、ここで大事なのは、その人が提供することに価値があるかどうかなのです。多くの人がそのことに価値を感じていれば、おのずとお金に結びつきます。逆にいえば、誰も価値を感じなければ、どんなによいビジネスモデルを思いついても利益を上げることはできないのです。ビジネスモデルよりも、やりたいことに価値があるかどうかを重視しましょう。

収益をもたらす仕組みを作るには？

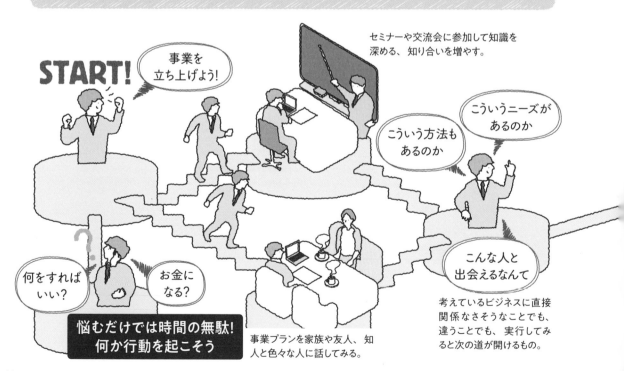

ビジネスモデルについて考える際は、**ABCモデル**というフレームで考えてみましょう。これは「集客（Attraction）」「価値・便益（Benefit）」「課金（Charge）」という３つをかけ合わせたシンプルなもので、これらの頭文字を取ってＡＢＣモデルと呼んでいます。うまくいくビジネスはこの３つで成り立っています。お客様を集めるための方法「集客」、お客様に提供する「価値」、お客様からお金をいただく方法の「課金」。これらが整うことでビジネスモデルになります。同じ価値でも課金方法を変えることで、違うビジネスモデルを展開することもできます。とても簡単な仕組みなので、まずは、この３つの組み合わせからあなたのサービス・商品の流れを構築してみましょう。実際の具体例に当てはめて考えてみるのも手です。

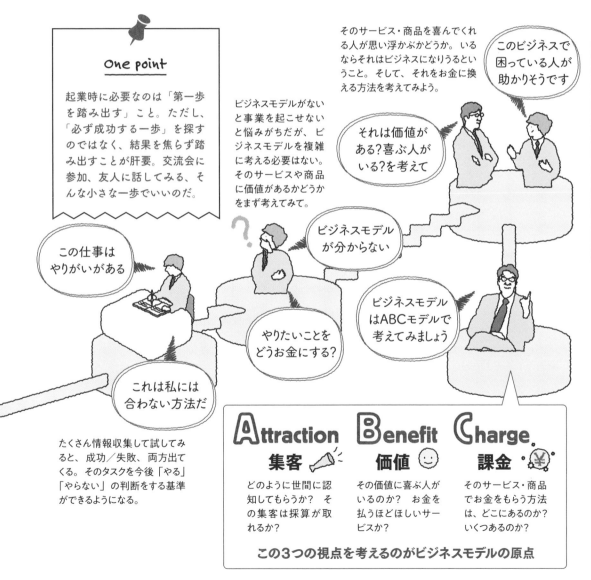

05 あえて起業のデメリットを書き出してみる

「起業にはこんな不利がある」という思いが自分の中に存在していると、起業に踏み出せません。そんな時はあえてデメリットを書き出してみましょう。

起業したいと考えていても、なかなか起業のための第一歩を踏み出せない人がいます。そうした人の心の中には起業に向かう自分にブレーキをかける要因が存在しているのです。例えば、「起業したら多忙になって家族に迷惑をかけるのではないか」という思いがあると、起業には踏み出せません。そういう時は心の中の起業する際の**デメリット**を、ハッキリと文章にして書き出してみましょう。その上で、デメリットを打ち消した「家族を大事にしながら起業して成功する」といった目標を立てるようにするのです。こうした目標は自分を動かす力になります。

デメリットが起きないバランスのよい目標にする

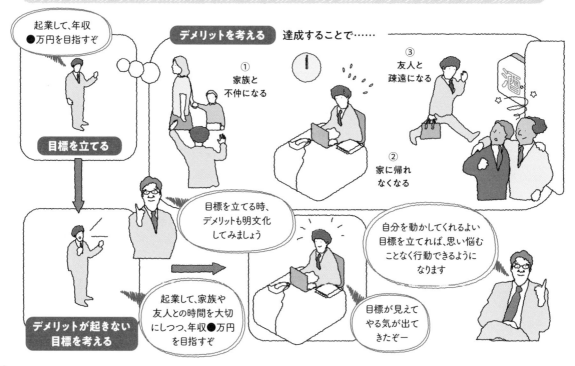

起業して、年収●万円を目指すぞ

目標を立てる

デメリットを考える

達成することで……

① 家族と不仲になる

② 家に帰れなくなる

③ 友人と疎遠になる

目標を立てる時、デメリットも明文化してみましょう

デメリットが起きない目標を考える

起業して、家族や友人との時間を大切にしつつ、年収●万円を目指すぞ

自分を動かしてくれるよい目標を立てれば、思い悩むことなく行動できるようになります

目標が見えてやる気が出てきたぞー

気にかかる問題の明文化により、ぼんやりと考えていた時と違って、実はそのデメリットが大したことでないと気づくことがあります。例えば、お金についての不安を持つ人は当然たくさんいます。もちろん生きていく上でお金は必要ですが、極端なことをいえばお金がなくなっても死んでしまう訳ではありません。起業にはお金がかかるとイメージする人も多くいますが、例えば、起業家同士のビジネス仲間が得られれば、お互いの仕事をサポートすることでビジネスにかかるお金を抑えることもできます。突き詰めて考えれば、お金の問題も大したことでないと分かるのです。デメリットにいったん目を向けることで、気が楽になり**ストレス**がない状態で起業に挑戦することができるようになります。

お金以外でも安心は手に入る

①家族団らんにもプライベートの充足感にも、お金をあまりかけずにできることはたくさんある。

②社会性のある事業には多くの協力者が集まるので、必ずしも自分がたくさんのお金を持っている必要はない。

06 1日30分あれば 起業はスタートできる

毎日の生活の中において「○～○時は起業のための時間」というように時間をしっかりと確保することで、起業の準備は少しずつでも確実に進んでいきます。

起業を考えているサラリーマンの方は、会社に勤めているうちに準備をはじめましょう。その第一歩は起業準備のための時間を確保することでしょう。あまりにも日々の仕事が忙しくて起業のための時間が作れず、起業に踏み出せないという人も多いのです。逆に「毎朝30分は起業のための時間」「毎週日曜日を起業のために使う」といった感じで時間を確保できれば、準備は確実に進みます。また、毎日の仕事を通常の8割の時間で終わらせることを目標にしてみましょう。仕事を終える時間を決めるという**時間術**を意識するだけで、効率は上昇します。

起業前の時間術テクニック

起業の準備をはじめるぞ！

何となくはじめるのはNG

あ、もうこんな時間。準備は明日にするか……

週末に丸1日使って一気に進めると挫折しがち。

何となくはじめるといつの間にかやらなくなりがち

仕事を終える時間を意識するだけで効率も上がります

終わったので、お先失礼します！

毎朝30分、時間を作って起業準備を進めよう

明確にやる時間を確保して、少しずつでも進める。

今の仕事を8割の時間で終わらせて、毎日準備時間を確保する。

確保した時間では、まずは自分のビジネスに役立つ勉強をすることをおすすめします。セミナーに通うのもよいですし、ビジネスをテーマにした本を読むのもよいでしょう。ビジネス書は様々なものがあり、どれを選べばよいか迷うかもしれません。本を選ぶ基準は「自分が興味を持てるもの」「面白そうだと思えるもの」でも構いません。自分の興味やレベルに合っていない本を手に取ると、結果的に最後まで読めなかったり、読んでも内容を理解できなかったりして、時間の無駄になってしまいます。確保した時間で資格を取ろうとする人もいるかもしれませんが、立ち上げるビジネスに必須のものでなければ無理に取る必要はありません。**資格**がなくても、起業してビジネスを成功させることは可能です。

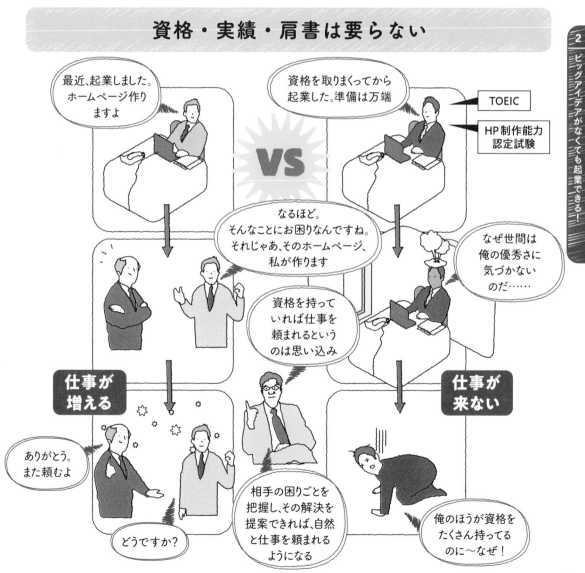

07 今の会社に勤めながら練習を積んでみる

起業後の様々な取り組みを念頭に置きながら今の会社で働けば、それは起業後の"練習"になります。仕事にも積極的になれるので、会社にも貢献できます。

起業したら、やることがたくさんありますが、リスクなしでその**練習**ができるのが会社という場です。起業した後に行うであろうセールスや企画書作りなどの練習を、勤めている会社で行うのです。仕事にも熱心に打ち込むことになりますので、会社にも貢献できます。また、起業後にいきなり事業化するのではなく、「起業→**テスト**→事業化」といった形でテストが必要です。テスト用の失っても惜しくない予算を用意して、テストを行います。このような練習やテストのプロセスによって、リスクを恐れずに思い切って挑戦することが可能になるのです。

会社員時代にリスクを減らす

今の会社がどうやってマーケティングをやっているのか調べる。

プレゼンの際に関係書籍を読んだり、セミナーを受けて学んだりしたことを盛り込んでプレゼンしてみる。

日々のメールでコピーライティングの効果を試す。

起業を決めたら、今いる会社は「練習の場」。学んだことをリスクなく試せるこの環境を有効利用

自分が働いている会社に関連する仕事で起業すれば、見込み客がいるため、成功する確率が高まります

退社前に「起業しますので退社後もよろしくお願いします」とそっと伝えておくことも大切

取引先は未来の自分の取引先になる可能性があります。起業を決めた時から特に親切に接しておきましょう

起業する時には、今の会社で関わっている分野を扱うとスムーズでしょう。その場合は、退社する前に取引先に「こういう形で独立しますので、今後とも何とぞよろしくお願いします」とあいさつして、関係をつないでおくようにしましょう。ゼロから取引先を開拓するより、ずっと楽なはずです。今勤めている会社と起業で扱う分野に関連がない場合、時間に余裕があるなら、その分野の会社に転職して人脈を作るというのも一つの手です。「起業するなら会社をやめないといけない」と思う必要はありません。また、起業後の顧客開拓にはオンラインのクラウドソーシングサービスや在宅業務仲介サービスなども使えます。登録するだけなら無料ですので、起業前の段階でとりあえず登録しておきましょう。

今からスタートできる "つつましい起業"

何ができるかな

一人ではじめるつつましい起業に興味はあるけど、何もとっかかりがないなぁ……

起業家

クラウドソーシングサービスに登録してみよう

クラウドソーシングサービスは期限を決めてやるのがよい

この仕事、面白そうだな。応募してみよう

これをこなしていけば、スキルと評価が上がって、報酬のいい仕事にたどり着くのも夢じゃないぞ

メリット
登録料0円で気軽にはじめられる。登録しておけば、会社に勤務しながら休日などに少しずつはじめられる。仕事の腕が上がり信頼関係を得れば、報酬アップの交渉ができる場合もある。

デメリット
初心者はなかなかよい案件を取れないことも。また、登録料はかからないが、手数料がかかることも難点。はじめは単価が安く、数をこなさないと稼げない。コツコツと続けることが大切だ

クラウドソーシングサービスとは?
依頼者が業者に発注するのではなく、オンラインで不特定多数の人に委託を呼びかけるサービス。依頼方法には、予算や納品期限などを示して条件をのんでくれる応募者を募る方式と、仕事を直接募集した中から特に気に入った提案を選ぶコンペ方式などがある（206ページ参照）。

08 今の会社で実績ナンバー1を作っておこう

起業前に働いていた会社での輝かしい実績は、起業後の信頼につながります。そうした実績は、実は誰もが作ろうと思えば作れるものなのです。

会社員から起業家へと転身する場合、前職で勤めていた会社での実績が、起業後の信頼につながります。例えば、「あのプロジェクトを主導した」「営業成績ナンバー1に輝いた」「社長賞を受賞した」といった実績によって、あの人はすごいのではないかと周囲に思ってもらうことができて、それが仕事につながることがあるのです。目に見えないサービスを扱う業種の場合、実績で判断されることも多いので、会社に所属しているうちに、こうした**実績**を作り上げましょう。それが起業での成功を後押しする、一つの手段となります。

何でもよいから実績を創出

会社員の頃は営業成績が全国ナンバー1でした。社長賞ももらったこともあります

すごい!!

一見、すごそうに見えて実は大したことのない実績や、大げさに言っている苦労談も多い。あなたにも実績は作ろうと思えば作れるのです

成功するまでは苦労しました。工事現場のアルバイトをしていたこともあります

俺も

はじめてやるけどしんどいな

今月は頑張った

俺も持ってる

実は営業成績ナンバー1はたった1か月のみ。

実は社長賞はたくさんの人がもらっている賞。

実は工事現場のアルバイトは1日やっただけ。

「実績なんて簡単に作れない」と思うかもしれませんが、例えば前述の「営業成績ナンバー1」は、1か月だけのナンバー1でもナンバー1ですし、小さな営業所内でのナンバー1でもナンバー1です。多くの起業家が語る実績も、よく聞くと頑張れば多くの人が達成できそうなものであることも少なくないのです。会社に勤めている期間中にナンバー1という実績を作るために頑張ってみませんか？　その頑張りは会社への貢献にもなるので悪いことではありませんし、仮にうまくいかなかったとしても、そこから挽回したという**サクセスストーリー**を作ることができます。失敗とそこからの挽回というエピソードも、起業家にとっては実績の一つになるのですから、会社に勤めている間は恐れずにチャレンジしていきましょう。

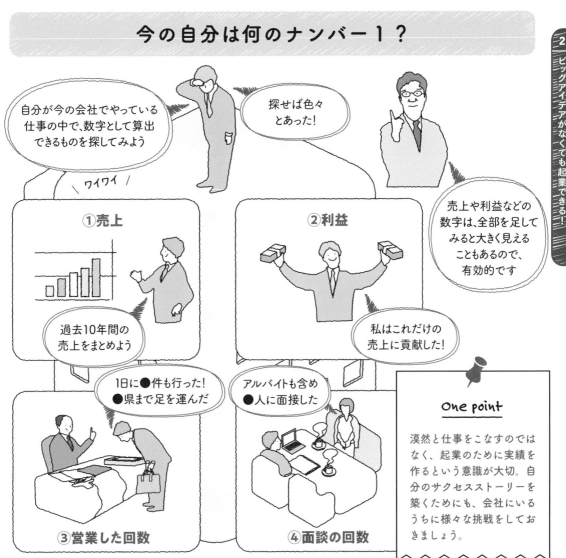

09 特別なスキルや資格を 取っておく必要はない

特別なスキルがないと成功しない？　そんなことはありません。むしろ、起業して求められるのは、誰でもできそうな地道なスキルだったりします。

起業する際に、何か特別な**スキル**や**資格**が役立つのではないか？　そう考える人も多いことでしょう。たしかに起業する業種に必須なスキルであれば身につけるとよいでしょう。ただ、起業において、特別なスキルよりも地味なスキルが役立つということも少なくありません。会社では新人がやらされるような地味な仕事、例えば資料整理や調べものなど、上司のサポートのためにやるような仕事を要求されることも多いのです。こうした仕事では、特別なスキルというよりも、少し調べれば分かるスキルを千差万別の形で要求されます。

ものすごい資格は必要ない

インフルエンサーなど好きなこと、得意なことで食べていく人ばかりではありません

起業とは無関係そうな人こそ、つつましい起業への適性があります

つつましい起業に向いてない人

つつましい起業に向いている人

自分だけの強みをブランド化しないと

会社では誰でもできるようなサポートばかりしてきて、特別な資格はありません

際立った才能はないけど、人の手助けができる人は向いている。

俺には特別な才能があると信じている人は、つつましい起業に向かない。

でも納期を守ることは得意

フォロワー数●万のインフルエンサーになろう

自分の才能を武器にしよう

特別なスキルがなくても、そうしたサポートを必要としている人たちを手助けするだけでも十分にビジネスとして成立します。起業と聞くと、「自分の好きなことや、自分だけが得意なことで成功する！」といった派手で華やかなものをイメージするかもしれませんが、こうした地道な方法も一つの選択肢です。また、特別なスキルよりも重視したいのは**人脈**です。会社をやめると、その会社時代の肩書は役に立たなくなることが多いのです。Ａ社の重役という肩書に注目してつき合ってくれた人たちとはあなたがＡ社をやめた途端、つき合いがなくなります。ですが、肩書でなく、その人間性自体が注目されていたなら、起業後もつき合いは続くはずです。こうした人脈は起業に際してスキル以上に強い武器になります。

応援したい人をサポートする

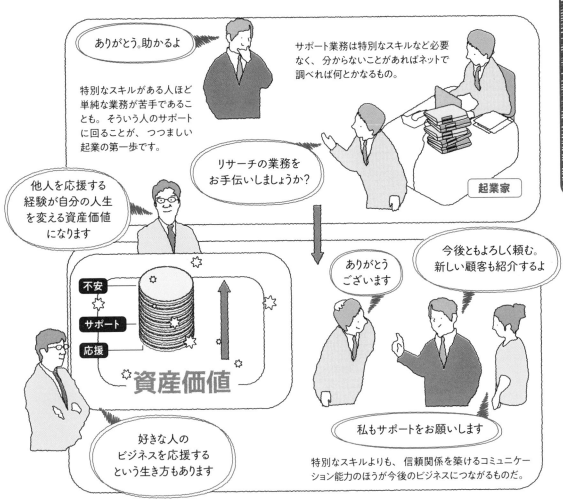

ありがとう。助かるよ

サポート業務は特別なスキルなど必要なく、分からないことがあればネットで調べれば何とかなるもの。

特別なスキルがある人ほど単純な業務が苦手であることも。そういう人のサポートに回ることが、つつましい起業の第一歩です。

リサーチの業務をお手伝いしましょうか？

起業家

他人を応援する経験が自分の人生を変える資産価値になります

ありがとうございます

今後ともよろしく頼む。新しい顧客も紹介するよ

不安
サポート
応援

資産価値

好きな人のビジネスを応援するという生き方もあります

私もサポートをお願いします

特別なスキルよりも、信頼関係を築けるコミュニケーション能力のほうが今後のビジネスにつながるものだ。

10 失敗したら……をあえて考えると恐怖心が減る

失敗から目をそらすのではなく、あえて失敗した時のことを考えることで、誰もが抱く「失敗したらどうしよう……」という不安を克服することができます。

どんな人でも起業に関しては「失敗したらどうしよう……」という不安を抱くものです。この不安は失敗を**シミュレーション**することで取り除くことができます。「失敗しても再就職すればよい」「失敗しても実家に戻ればやり直せる」などと、あえて失敗した時のことを考えれば「失敗したらどうしよう……」ではなく「失敗したらこうしよう」と思考を転換することができます。起業家の中には起業前に転職活動をして、「失敗しても、自分が再就職できる」という自信をつけてから起業に踏み出す人もいるのです。

復活できる条件を作っておこう

①再就職する

会社員時代のスキルや能力を活かしてまた就職すればいい

②家業を継ぐ

実家でしている商売を、しばらくは手伝うのでもいい

よし、決めた。やろう!

③アルバイトで食いつなぐ

時給・日給の仕事で食いつなぐことも。夢に向かっているというモチベが大切

これは起業だけではなく、投資の場合でも同じです。最悪のケースになった時の対応策が決まれば、怖くはありません。最悪を想定してもやれる覚悟があるようなら投資してみましょう。

対応策 ＞ 最悪のケース

起業に失敗しても人生が終わるわけではない。どのようにでも続けることはできるので、いつでも復活できる条件を作っておこう

起業後も、やめた会社から正社員とは違う契約で仕事をもらう起業家もいます。早い段階で信頼できる上司に起業のことを相談しておけば、起業後に失敗した時にも力強い味方になってくれることでしょう。また、心理的にホッとできる居場所を起業前から作っておくことも、不安に対する特効薬となります。この居場所とは、**ビジネス仲間**との関係のことです。家族、恋人、友人などの人間関係に癒やされる人も多いと思いますが、起業に関する不安や悩みを共有できるのは、同じような経験を積んでいる人です。いざという時にはお互いに相談したり、協力したりできるビジネス仲間という存在は心強いものです。早い段階から意識してビジネス仲間を作ることをおすすめします。

11 不真面目なサラリーマンほど起業でうまくいく

真面目な人がサラリーマン的な発想を捨てて、気持ちを切り替えて起業家となるためには、乗り越えないといけないハードルがあります。

起業前の準備として、重要なのは起業家としての心構えを持つことです。サラリーマンから起業家に転身するのであれば、**サラリーマン感覚**から卒業する必要があります。起業してからもサラリーマン時代の蓄えがあるうちはのんびりとしていられるかもしれませんが、それがなくなったら焦ってばかりの状態に陥ってしまう危険性があります。余裕があるうちからしっかりと気持ちを切り替えて、精神面でも起業家、経営者となって、しっかりと自分のビジネスと向かい合うようにしましょう。

経営者とサラリーマンの意識の違い

気持ちの切り替えが意外と苦手なのが、サラリーマンとして真面目な人です。ある意味、不真面目な人のほうが起業の道を突き進むことができます。真面目な人にとってハードルとなるのは**罪悪感**です。サラリーマンとして給与収入に慣れてしまっていると、作業時間以上にお金を稼ぐことに「こんなことでお金をもらってよいのだろうか？」という罪悪感が生まれてしまい、起業へ踏み出すことができなくなるのです。こうしたハードルを取り除くために、ビジネスでもらえるお金は、自分自身の価値を相手に認めてもらえた対価だと考えるようにします。こうした発想の転換により、起業ではつきものの不安を解消することもでき、より積極的に自分のビジネスと向き合えるようになります。

起業家になるための意識改革

いい動画の撮り方も勉強しスキルアップしよう

こんなに短い時間で高い？

1時間の撮影で3万円ね

会社員時代

Lesson ムービーの撮り方

自分のスキルに費用対効果を認めてくれる人を探す。もし自分のサービスによって、相手の収益が上がるなら、その人はそれなりの対価を払ってくれるはず。

これだけの作業でこんなにお金をもらっていいのか、と悩む。また、値上げが怖くて低い金額で続けてしまう。

会社員時代は時給・月給だったため、時間量と作業料は比例すると考えてしまい、スキルに対する金銭価値に迷う。

One point

少しずつ単価アップしていこう

対価に迷う時は無料から行うのも手。相手がどれくらい喜んでくれるか、価値を感じてくれるかを知ると、自信もついてきて有料にすることにも抵抗を感じなくなる。ニーズを理解することで単価をアップさせていこう。

歴史上に名を残した人々の起業を知る

戦前・戦後①

松下幸之助 （まつした こうのすけ）

パナソニックを創業した「経営の神様」

数多くの起業家の中でも松下は「神様」として今も称賛されている人物。1894年、和歌山県で生まれ、幼い頃に一家は破産し幼くして丁稚奉公に。電気事業に将来性を感じ、16歳の時に大阪電燈（現・関西電力）へ入社。やがて独立し2畳あまりの工場から開業。これが後に軌道に乗り、松下電気器具製作所創業へと至るのだ。

使命を果たすために働く

松下の有名な経営哲学が「水道哲学」だ。生産者、商売の使命とは何か。この世から貧困をなくし豊かにすることではないか。そのように考え、水道の水のように低価格で良質なものを大量供給し、物価を低くして消費者の手に容易に行き渡るようにしようという理念のもと、松下は数々の電化製品を生み出しヒットさせていく。

豊田喜一郎（とよだ きいちろう）

日本の自動車産業のパイオニア

父・佐吉は、豊田式木製人力織機などの発明による「豊田グループ」の始祖で、日本の「紡織機王」と呼ばれている人物。喜一郎はその長男として生まれた。父の会社に入社し、自動織機の研究・開発に従事するも、欧米で自動車産業の繁栄を目の当たりにし、自動車産業への進出を決意。やがてトヨタ自動車を創業する。

▼

生産コストの圧縮で効率アップ

海外の技術に頼った自動車では日本の工業は発展しないと考え、「日本人の手で日本に合った日本人のための国産車を作る」という理念のもと、国産乗用車を完成。在庫を減らすために「必要なものを、必要な時に、必要な数だけ作る」と徹底した方法は、後に「ジャスト・イン・タイム生産方式」と世界からも注目を集めることに。

本田宗一郎（ほんだ そういちろう）

一代で「世界のホンダ」を創り上げる

静岡県で生まれ、自動車修理工場で修業。エンジンつき自転車、通称「バタバタ」などのアイデア商品で成功し、1948年、資本金100万円で本田技研工業を設立。世界有数の二輪車メーカーに育てた後、四輪車に進出。F1で初優勝を果たすなど独自の社風で世界的な企業に。日本人ではじめてアメリカの自動車殿堂入りを果たす。

▼

たくさんの人の連帯感を尊重

本田の成功要因の一つはチームワーク。自分の苦手分野を担ってくれる人物、違う発想をできる人物として藤澤武夫という最良のパートナーと出会い、研究や開発など技術面は本田、営業・財務は藤沢と役割分担を決め、成功を収めていく。後年、本田は、「成功は1％で、99％の失敗の陰に様々な人の存在があった」と語っている。

（文責：GB 編集部）

Chapter

3

KIGYOU marketing
mirudake note

起業するための
資金って必要なもの？

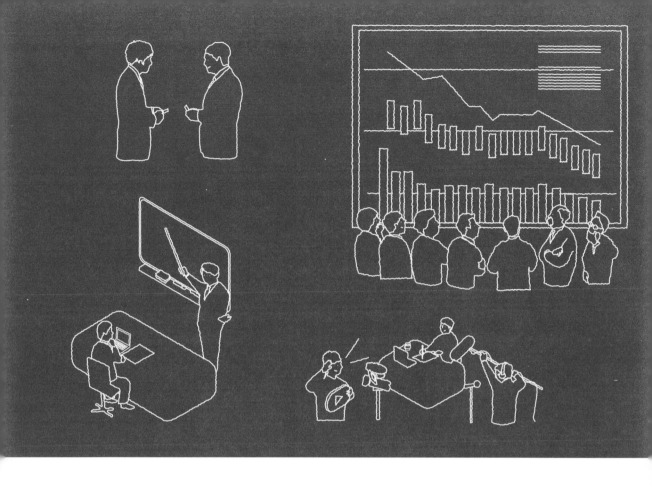

起業に資金が必要というのは当たり前でしょうか？　もし店舗型のビジネスでなければ家賃は必要ありませんし、それ以外の設備資金なども極力省けます。　この章ではそんな資金について解説します。

01 お金のことが不安……そんな時は書き出してみる

ビジネスで回収できるのだから、自分への投資を惜しんではいけません。ただし、お金をかけるべきポイントはしっかりとこだわるようにしましょう。

起業するということは、自分のお金に関する責任をすべて自分で負わなければならないということです。お金に関する不安も大きくなりますから、まずは家賃や保険料、食費、通信費などの**固定費**を見直すとよいでしょう。固定費の中でも額の大きなものから使い方をチェックします。また、高い外食や見栄のための買い物はカットしましょう。反対に、自分のビジネスに役立つものには積極的に**投資**するようにします。収入が固定化されている勤め人と違って、起業家は自分への投資をビジネスで回収することができるのですから。

固定費を「見える化」する

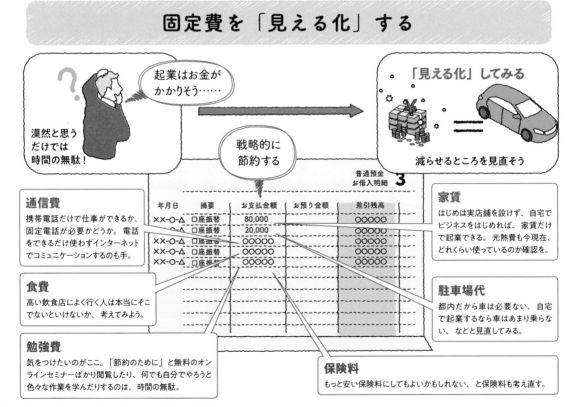

起業はお金がかかりそう……

漠然と思うだけでは時間の無駄！

戦略的に節約する

「見える化」してみる

減らせるところを見直そう

通信費
携帯電話だけで仕事ができるか、固定電話が必要かどうか。電話をできるだけ使わずインターネットでコミュニケーションするのも手。

食費
高い飲食店によく行く人は本当にそこでないといけないか、考えてみよう。

勉強費
気をつけたいのがここ。「節約のために」と無料のオンラインセミナーばかり閲覧したり、何でも自分でやろうと色々な作業を学んだりするのは、時間の無駄。

普通預金 お借入明細 3

年月日	摘要	お支払金額	お預り金額	差引残高
××-○-△	口座振替	80,000		○○○○○
××-○-△	口座振替	20,000		○○○○○
××-○-△	口座振替	○○○○○		○○○○○
××-○-△	口座振替	○○○○○		○○○○○
××-○-△	口座振替	○○○○○		○○○○○

家賃
はじめは実店舗を設けず、自宅でビジネスをはじめれば、家賃だけで起業できる。光熱費も今現在、どれくらい使っているのか確認を。

駐車場代
都内だから車は必要ない、自宅で起業するなら車はあまり乗らない、などと見直してみる。

保険料
もっと安い保険料にしてもよいかもしれない、と保険料も考え直す。

お金の使い道では、商品を作る際のお金のかけ方も重要です。最初から完璧な商品を作るのは難しいので、まずは省ける要素は省きます。最初から大きな資金を投入するのではなく、最初は費用を抑えて、試行錯誤の中で完璧な商品を目指したほうがよいでしょう。その商品の**売上目標**は、起業家が自分で自由に決められます。まずは、「○○円くらいかな」という直感で構いませんので、自分が納得できる金額を売上目標にします。その数値は「単価×数量＝売上」というシンプルな計算でざっくりと出しましょう。売上目標を作った上で、実際にビジネスを進めていくと「毎月の売上はこのくらいだな」ということが見えてきて、適正な数字が分かり、より具体的な売上目標が立てられるようになります。

売上の不安も「見える化」で解消

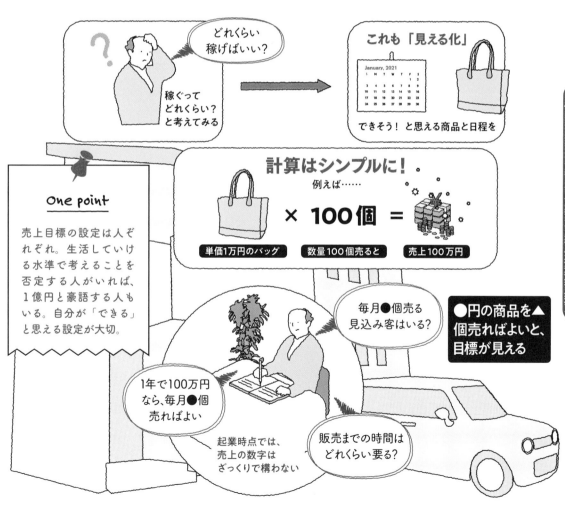

02 お客様はあなたの未来に投資してくれるもの

第一歩を踏み出したばかりの起業家についてくれるお客様は「起業家を応援したい」と考えています。その気持ちに応えて、しっかりと成長していきましょう。

起業したいと考えている人の資金をサポートしてくれる**スポンサー**も存在します。資金面以外では、店舗の場所を提供してサポートしてくれたなどといった話もあります。近年であれば、**クラウドファンディング**で資金を集めてプロジェクトや商品販売を立ち上げた実例を見聞きした人も多いことでしょう。ですから、資金がないからといって起業をあきらめる必要はないのです。また、こうした直接的なスポンサーでなくても、起業したばかりのあなたを応援してくれる人はたくさんいます。それは、仕事を頼んでくれるお客様です。

お客様は応援してくれるもの

STEP 1

駆け出しの起業家に仕事を頼むお客様は、応援の気持ちを持っていることが多い。「完璧になるまで」と動かないほうが駄目だ。

STEP 2

駆け出しでスキル不足があるなら、回数でそれを補おう。何回もやる中でスキルも磨ける。

完璧な商品じゃないから出せない…

リテイクに応じますよ

使ってみたら……

でももっといい商品になりそう

起業家

お客様

将来の姿

初心者の起業家を応援するお客様は、いってみれば未来のあなたに**投資**してくれているともいえます。そういうお客様は「起業家に成長してほしい」という気持ちで商品やサービスの料金を支払っているのです。ですから、ビジネスをはじめた時点では、いきなり完璧な商品を提供するというよりも、お客様の気持ちに応えて成長していくことが大事です。起業したての頃は当然ながらスキルが不足していることもあります。そんな場合は、回数や時間で補うようにします。例えば、「リテイクは何回でも対応します」「アフターフォローは無料でやります」といった契約にするのです。よいお客様との関係は何年も続くので、その中でしっかりと成長する仕事ぶりを見せるようにしましょう。

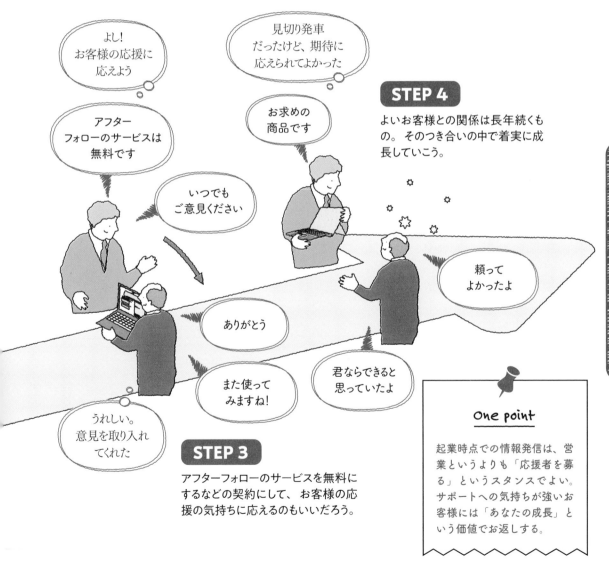

STEP 4
よいお客様との関係は長年続くもの。そのつき合いの中で着実に成長していこう。

STEP 3
アフターフォローのサービスを無料にするなどの契約にして、お客様の応援の気持ちに応えるのもいいだろう。

One point
起業時点での情報発信は、営業というよりも「応援者を募る」というスタンスでよい。サポートへの気持ちが強いお客様には「あなたの成長」という価値でお返しする。

03 起業してからかかるお金を計算してみよう

起業したらどれくらいお金がかかるものでしょうか？ お金の不安を抱えているようならば、どれくらいかかるか実際に計算して、目に見える形にしてみましょう。

自宅などでネット起業・ひとり起業をする場合、はじめは個人事業主でのスタートが簡単です。ただし、もしあなたが将来、会社の設立についても検討しているならば、その場合の**資本金**についても参考として知っておいてもいいかもしれません。かつての「最低資本金制度」では、資本金として会社創設時に 1000 万円が必要でしたが、現在では 1 円でも会社は作れるようになりました。資本金は会社を設立した当面の間の事業運営資金という意味合いなので、小さな起業にはあまり必要ないのです。、資本金 1000 万円を超えると消費税の課税対象になります。

0 円で会社を創立できる時代

2003 年に最低資本金制度が廃止され、資本金1円でも会社を設立できるように。

2002 年まで

株式会社を設立するために資本金が必要

会社創立はしやすくなったけど本当に必要かな？

会社を作るには1000万円が必要です

1円で作るぞ

大金だな。そろうまで起業できない……

最低資本金制度により1000万円の資本金を用意しないといけなかった。

2003 年以降

昔は大変だったな〜

会社は1円で作れます

資本金の平均額は約300万円とされる。1000万円を超えると消費税の課税対象となる。

うちの資本金は300万円

起業して利益が出るまでの会社の運転資金はいくらくらい必要になるのか考えてみましょう。オフィスを借りての起業の場合は、家賃や光熱費などが必要です。それ以外の経費で意外と負担となるのは、起業家であるあなた自身の生活費です。あなたの1か月の生活費が20万円で、会社が軌道に乗るのが1年後の予定なら20万円×12か月＝240万円が必要となります。また、予期せぬ出費もありえます。一人ではじめるなら、起業時は自宅ではじめるなど家賃や光熱費、経費などをなるべく節約することができます。食費や衣類代などの生活費でも見直せる点がないか確認してみましょう。またその場合、当面の生活費はもともと貯めた貯金を使えばいいので、法人化してもわざわざ資本金として準備する必要はありません。

起業家自身の生活費も忘れずに

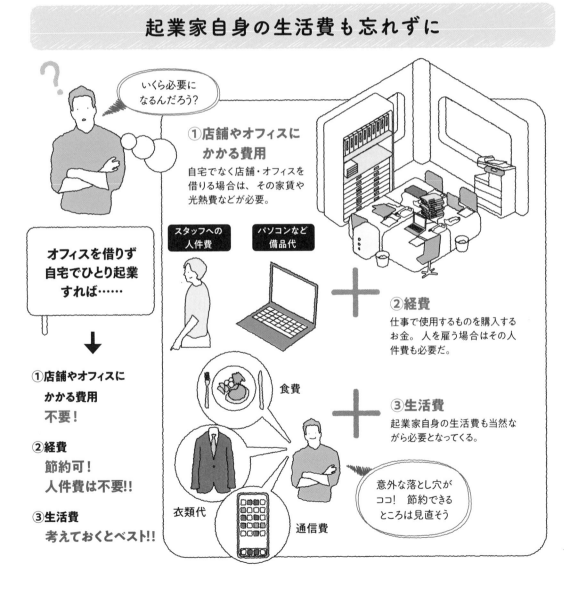

いくら必要になるんだろう？

①店舗やオフィスにかかる費用
自宅でなく店舗・オフィスを借りる場合は、その家賃や光熱費などが必要。

スタッフへの人件費

パソコンなど備品代

②経費
仕事で使用するものを購入するお金。人を雇う場合はその人件費も必要だ。

食費

③生活費
起業家自身の生活費も当然ながら必要となってくる。

衣類代

通信費

意外な落とし穴がココ！ 節約できるところは見直そう

オフィスを借りず自宅でひとり起業すれば……

↓

①店舗やオフィスにかかる費用
不要！

②経費
節約可！
人件費は不要!!

③生活費
考えておくとベスト!!

04 事業計画は 1年単位で大雑把に

事業に関しての戦略などをまとめた事業計画。セミナーなどでは「事業計画書を作るべき」といわれるかもしれませんが、なくても起業で成功することは可能です。

起業する際に、**事業計画書**は作成したほうがよいのでしょうか？　セミナーやハウツー記事などでは事業計画書の必要性が語られることも多いです。ですが、そもそも細かな事業計画書は資金を調達するために銀行などの融資元に提出するもの。「はじめるビジネスが小さな規模だから、融資してもらう必要はない」「自己資金が豊富だから、銀行の世話にならなくて大丈夫」といった状況であれば、わざわざ事業計画書を作成しなくても問題ありません。慣れない事業計画書作りに頭を悩ませる時間があれば、別のことに使いましょう。

事業計画書は本当に必要？

事業計画書を作りましょう

事業計画書が必要なのは融資を受ける時くらいだよ

こういう事業をするので融資してくださいという時に

起業セミナーなどでは「事業計画書は必要」といわれるが、なくても起業は可能。

よく考えてみよう

事業計画書は銀行などで融資を受ける際に作る必要がある。融資を受けないのであれば、事業計画書はすぐには要らない。

それでも、「自分の考えを整理したい」などの理由で事業計画書を作りたいという人もいることでしょう。そういう人には、できるだけシンプルなものを作ることをおすすめします。通常の事業計画書では、事業や商品の内容、競合分析、収支計画、事業の見通し、取引先の情報、役員と従業員の人数と人件費、借金の状況、必要な資金と調達方法などを記載します。ですが、銀行などに提出しないのですから、記載するのは売上と経費、現金、アクションプランくらいにします。また、期間も通常は1〜5年くらいのスパンの計画を立てますが、こちらも半年〜1年くらいにしてください。起業したての会社は人間でいえば病気になりやすい子どものような状態です。しっかりした事業計画書は、そこを脱して大人になってから作るくらいで大丈夫です。

事業計画書はできるだけシンプルに

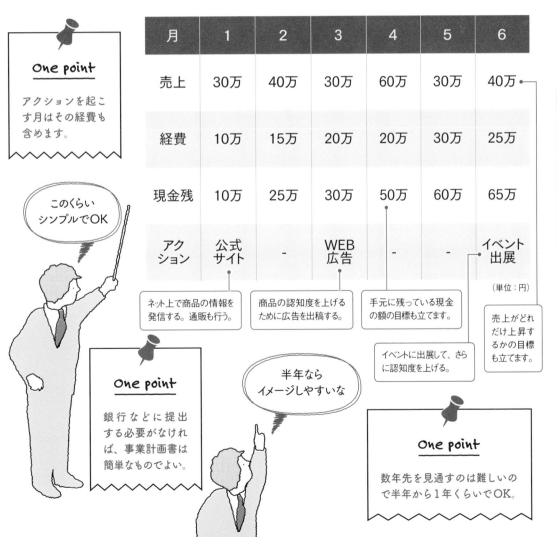

One point
アクションを起こす月はその経費も含めます。

月	1	2	3	4	5	6
売上	30万	40万	30万	60万	30万	40万
経費	10万	15万	20万	20万	30万	25万
現金残	10万	25万	30万	50万	60万	65万
アクション	公式サイト	-	WEB広告	-	-	イベント出展

（単位：円）

このくらいシンプルでOK

ネット上で商品の情報を発信する。通販も行う。

商品の認知度を上げるために広告を出稿する。

手元に残っている現金の額の目標も立てます。

売上がどれだけ上昇するかの目標も立てます。

イベントに出展して、さらに認知度を上げる。

半年ならイメージしやすいな

One point
銀行などに提出する必要がなければ、事業計画書は簡単なものでよい。

One point
数年先を見通すのは難しいので半年から1年くらいでOK。

3 起業するための資金って必要なもの？

73

05 人を雇うべき？一人でできる規模で考えよう

起業した時点では、人を雇わないほうがよいでしょう。自分一人で可能な規模でのビジネスを行うことからはじめてみましょう。

「起業して自分の会社を立ち上げたら、**雇用**してゆくゆくは大きい会社に成長させたい」と考えていたとしても、スタートの時点では人を雇うのは避けたほうがよいでしょう。経営者としてビジネスを運営していると、様々なトラブルが発生します。会社員であれば上司や会社がフォローしてくれますが、起業したら何が起きても自分で対応しないといけません。まず何が起きても自分一人で対応できる範囲でビジネスをはじめることをおすすめします。仕事内容も責任も自分一人でフォローできるところから、が成功のポイントです。

仕事を抱え込みすぎないのがベスト

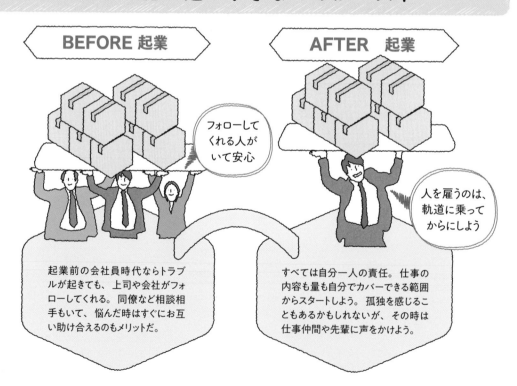

BEFORE 起業

フォローしてくれる人がいて安心

起業前の会社員時代ならトラブルが起きても、上司や会社がフォローしてくれる。同僚など相談相手もいて、悩んだ時はすぐにお互い助け合えるのもメリットだ。

AFTER 起業

人を雇うのは、軌道に乗ってからにしよう

すべては自分一人の責任。仕事の内容も量も自分でカバーできる範囲からスタートしよう。孤独を感じることもあるかもしれないが、その時は仕事仲間や先輩に声をかけよう。

74

起業してある程度経って**外注**を使うようになった場合、その仕事についてある程度把握しておくとよいでしょう。全く知識がない状態では、外注先のレベルも判断できませんし、トラブルが起きた際にどう対応すればよいかも分かりません。また、ここまで、「起業は一人でできる規模で」と解説してきましたが、友だちや同僚との起業を考えている人もいることでしょう。ですが、方向性の違いから、一緒に起業した仲間と仲違いしてしまう可能性もあります。友だちや同僚と一緒に起業したいという場合は、それぞれ会社を立ち上げて共同で受注するなどという形で一緒に仕事をするとよいでしょう。そうすれば、万が一、仕事上で意見が食い違ってもそれぞれの会社でそのまま歩み続けられます。

友だちや同僚との起業は避けるのがベター

START!

起業を考えているんだ

俺も独立したいと思ってた

自分のビジネスを立ち上げたい起業家とその友人。

一緒に起業しよう！

OK！

親しい友人や同僚と起業することに決定。仲間がいることに頼もしさを感じるが……。

お前のせいで失敗したんだ！

いや、お前のせいだ！

考え方の違いから揉めて決裂するかも。解散時には資本金の分割や借金の支払いで、さらに揉めることに……。

別々に起業しよう！

OK！

友人や同僚と起業するなら、別々にビジネスを立ち上げよう。その上で仕事を共同で受注する。

これからは別々の道を進もう

今までありがとう！

仕事に対する考え方が変わっても、揉めずにそれぞれの道を進むことができる。自分たちのビジネスも各々で続けられる。

気の合う者同士
・気心の知れた者同士なら安心と思いがち

06 必要になったらバイトを雇う？ 外注を検討しよう

経営が安定しないうちに多数の正社員やアルバイトを雇用することはおすすめしません。まずは外注に発注することで、ビジネスを無理なく進めることを検討しましょう。

大きな会社にするために正社員をたくさん雇いたい、と思っているなら要注意です。なぜかというと、雇用する人数が増えるほど、本来の業務とは無関係の問題が増えていくからです。正社員の不平不満、人間関係のトラブル、突然の退社など、想定外の問題が次から次へと浮上し、ビジネスどころではなくなるという事態は多くの経営者が経験しています。また、正社員を雇用すれば毎月の報酬や社会保険料、求人広告費などが経営を圧迫する可能性もあります。とはいえ、すべての業務を自分一人でこなすことにも限界があるもの。

「スタッフの多さ＝よい企業」ではない

スタッフが多いと

皆のビジョンが違っていて、まとまらなくなってきた

AさんとBさんが仲悪いなあ。どうしよう……

社内の人数が増えると、人間関係や待遇の問題など、本業のビジネスとは別の悩みも増えてしまう。

人が多いからサボっても分からない

スタッフが少ないと

あなたのビジョンに同意します！

それぞれの性格も知っているからやりやすい

役割分担できているから効率は悪くない

意思疎通ができているなあ

社員数が少なくても売上や利益が大きければ、事業はどんどん成長していく。

では、どうすればいいかというと、外注に頼りましょう。あなたを「**助けてくれる人リスト**」を作ることをおすすめします。ひとり起業は自分だけですべてやらないといけないわけではありません。むしろ、積極的に他人を頼るべきです。あなたに足りない部分は、そのスキルを持っている人に補ってもらいましょう。助けを求めることがカッコ悪いと思っていたら損です。成功者ほど他人にサポートを願い出ています。自力でできるところまで頑張って行き詰まったらすぐ相談できるように、助けてくれる人の一覧を作成しておきましょう。例えば、マーケティングに強い人、パソコンの不調に強い人、デザイン関係に詳しい人、愚痴を聞いてくれる人など、あなたの苦手・弱点部分で頼れる人を考えておくと、いざという時に慌てずスムーズに相談できます。

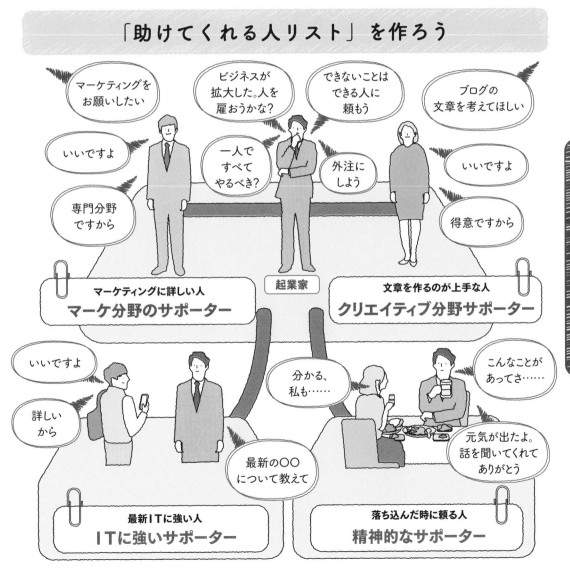

「助けてくれる人リスト」を作ろう

07 クレジットカードや銀行の口座は用意しておくべき？

起業すると、社会的な信用がなかなか得られないことから、クレジットカードや銀行口座の開設も難しくなります。必要であれば会社員時代に作っておきましょう。

毎日の買い物やオンラインでの買い物などで**クレジットカード**を活用している人は多いことでしょう。ですが、もし、起業を考えているあなたがクレジットカードを持っていないなら、会社に勤めているうちに何枚かクレジットカードを作ったほうがよいでしょう。クレジットカード会社に申し込んでも審査を通過しないとカードは発行されません。会社員なら簡単に通る審査でも、会社を立ち上げたばかりの起業家は社会的に信用がないので、審査を通らないものです。起業する前の会社員時代にクレジットカードを数枚作ることをおすすめします。

クレカを作るなら起業前に

起業前

クレジットカードを作りたいのですが……

カードなんてなくても大丈夫っしょ

受付

クレカをいくつも作っておく。

起業後

カードがあってよかった……

現金がなくて支払いができない！

支払いにクレカが重宝する。

起業すると、来月に入金されるが、今すぐに現金がないことがよくある

起業後にクレカを作ろうとしても…

起業前は簡単に作れたのに！

Because

サラリーマンは定期収入があるので審査が通りやすい。

受付

審査が通りません

転職しよう

起業家は売掛金が回収できない可能性があると判断される。

起業したばかりの起業家は社会的に信用がないため、クレカがなかなか作れない。

終わりだ……

78

また、**銀行口座**を開設するべきかでも迷うでしょう。副業、もしくは個人事業主の起業で考えていれば、個人の口座で問題ありません。ただ、プライベートとビジネス用のお金がいっしょくたになると混乱してしまう人は分けるのが無難です。ネットバンクなら口座開設も比較的簡単なのでおすすめします。銀行によっては**屋号のついた口座**も開設できますので、各銀行に確認してみてください。もしあなたが会社を立ち上げて法人化を検討していたら、メガバンクに法人の口座があったほうがいいと考えるかもしれません。しかし現在、メガバンクでは断られる可能性が非常に高いです。では、地方銀行や信用金庫を頼りにしようと思うかもしれませんが、ひとまずは個人の口座で十分です。実際に個人の口座でやり取りしている人も多くいます。

銀行は個人口座でOK

08 結婚や住宅など 大きなお金が動く問題は……

「結婚したい」「マイホームがほしい」から起業はどうしようかな……と悩む人もいると思います。起業時の結婚と住宅について解説します。

「**結婚**を考えているパートナーがいるから、起業に踏み出せない」「起業したいと恋人にいったら、起業はやめてほしいといわれた」などなど、起業希望者にありがちな悩みです。「いずれは結婚したいと思っているパートナーがいるけど、起業して安定するまでは結婚しない」と考える人も多いですが、パートナーが応援してくれるなら、結婚によって生活コストは下がり、一緒に過ごす時間も増えるでしょう。もし「起業しないでほしい」というパートナーなら、あなたの思いをしっかり伝えて安心してもらう必要があります。

パートナーの応援があれば成功しやすい

あなたの起業という夢を応援してくれるパートナーなら、共に苦労する覚悟もしてくれているといえるのではないでしょうか。そんな人と結婚する際には、きちんと将来のことを説明しておくのがいいでしょう。お金のことを含めて二人の将来のライフプランを話し合いましょう。その中で**住宅**のことも問題になると思います。「結婚したらマイホームを持ちたい」と考えている人もいるかもしれませんが、起業すると会社員と違って社会的信用がなくなり、住宅ローンはなかなか組めません。住宅ローンを組んだとしても、毎月の支払いのために、新しいことにチャレンジできないという状況に陥るかもしれません。成功するまでは、賃貸住宅で家賃を抑える方向性で考えたほうがよいでしょう。

持ち家はキャッシュにしてもローンにしても高リスク

事業が安定するまで、賃貸住宅で十分だ

ローンがあると心理的にチャレンジしづらくなるため、家賃の安い賃貸住宅に住むのがおすすめ。

将来のことを話し合う中で、住宅のことが問題になるはずです。これもきちんと話しておきましょう。

うん

なるほどね

起業をしてこうなりたいと思ってるんだ

結婚したらマイホームを持つのが夢なの

住宅ローンの支払いに追われ、チャレンジするチャンスに乗れないともったいないです

今、貯金はこれくらいあって……

起業について相手に説明し、お金のことを含め将来のプランを話し合う。

歴史上に名を残した人々の起業を知る

戦前・戦後②

小林一三（こばやし いちぞう）

阪急グループの創立者

1873年に現在の山梨県に生まれた小林は大学卒業後、三井銀行に勤務するも、1907年には退職することに。しかし、将来性のある事業として私鉄の計画を知り、箕面有馬電気軌道（現・阪急宝塚線、箕面線）を創立。当時としては画期的なアイデアだった沿線の住宅開発や百貨店、劇場や映画館の事業を好転させた。

▼

私鉄経営のビジネスモデル

小林は単に鉄道を敷設して終わりではなく、住宅地や娯楽施設などの開発も進め多角的な経営を行った。彼が目指したのは環境の整った住宅に暮らし、デパートで買い物をしたり、観劇や映画を楽しんだりと、ゆとりのある生活を送ること。この私鉄経営のビジネスモデルは今では当たり前だが、そのいしずえを作ったのが小林なのである。

盛田昭夫（もりた あきお）

世界のソニーを作った男

盛田は1921年愛知県生まれ。わずか一代で小さな町工場を、井深大という盟友とともに「世界のソニー」と称されるまでに育て上げた。45年に井深が立ち上げた東京通信研究所を、翌46年に改組して東京通信工業株式会社（現・ソニー）を設立。当時の資本金は19万円だったという。

▼

モットーは「失敗を恐れるな」

1950年に発売したテープレコーダーをはじめとする日本初の商品、60年に発売したトランジスタテレビをはじめとする世界初の商品も多く開発した。ここまで積極的に躍進し続けられたのは、間違いと思えば、たとえ「朝令暮改」でもどんどん直すべきで、もし失敗しても必ず学びがあるはずだという考えがあるからだったといえよう。

鈴木敏文（すずき としふみ）

流通業界のレジェンド

1932年に長野県に生まれ、大学卒業後、書籍取次大手の会社に入社。その後、ヨーカ堂（現・イトーヨーカ堂）に転職。73年にヨークセブン（現・セブンイレブン・ジャパン）を創立。コンビニエンスストアを日本全国へ広めた。ただ、とあるインタビューで「私のやることなすことすべて反対された」と語っている。

▼

時代の変化に即対応

セブンイレブンは小売りの商店街やスーパーがあるから無理といわれたという。しかし、「やってみないと分からない」と押し切り、今や同店は国内2万店舗以上に。前例がないからと反対されたが、経営者とは時代の変化にすぐ対応すること、新しいことを吸収しつつ自分の考えも確固として持つことが大切だと述べている。

（文責：GB編集部）

Chapter 4

KIGYOU marketing
mirudake note

シンプルに考えて
利益を出す商品設計

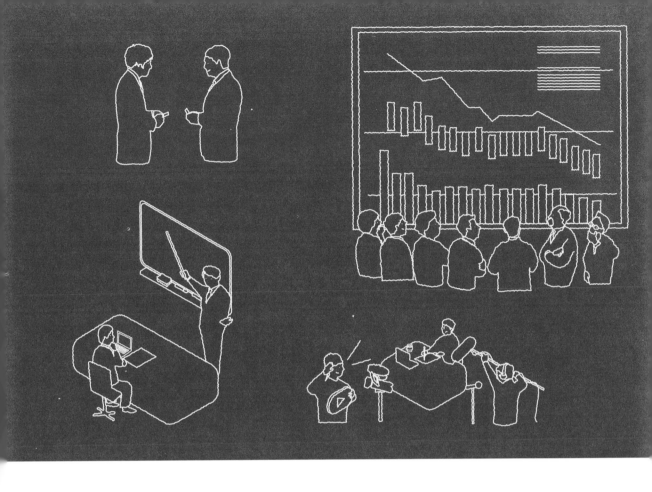

売るものが商品であるにしろ、 サービスであるにしろ、 対価をもらい利益を上げることがビジネスです。 その価格設定は？ 値上げ・値下げは？ など商品設計にまつわる悩みを本章では解決します。

01 「商品を売る」から「価値を提供する」へ

価格をつける時に弱気になって安い値段を設定してしまう起業家がいます。ですが、お客様にちゃんと価値を理解してもらえれば、適正な値段でも商品は売れるのです。

自分の商品に値段をつける際に弱気になる起業家はたくさんいます。「高いと売れないのではないか」と考えてしまうのです。ですが、価格が安いためにビジネスが失敗してしまったケースが多く見られます。その商品の価値をお客様が理解してくれれば、しっかりした価格を設定しても問題は起きません。自分の商品の価値をお客様に伝えることは非常に重要です。「商品がよければ、何もいわなくてもお客様は分かってくれる」ということは決してありません。こだわりや仕事のプロセスはホームページやパンフレットにしっかりと記載しましょう。

価格を安くするとビジネスは難しくなる

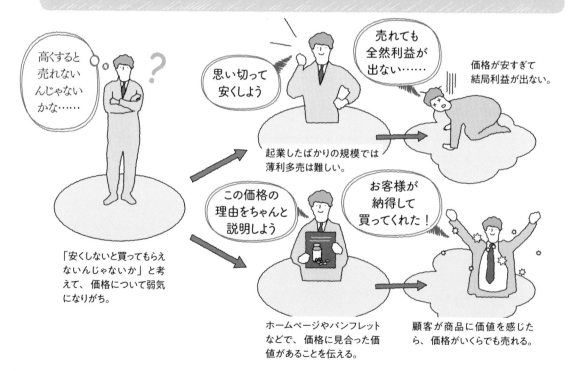

高くすると売れないんじゃないかな……

「安くしないと買ってもらえないんじゃないか」と考えて、価格について弱気になりがち。

思い切って安くしよう

売れても全然利益が出ない……

起業したばかりの規模では薄利多売は難しい。

価格が安すぎて結局利益が出ない。

この価格の理由をちゃんと説明しよう

お客様が納得して買ってくれた！

ホームページやパンフレットなどで、価格に見合った価値があることを伝える。

顧客が商品に価値を感じたら、価格がいくらでも売れる。

商品の価格を決める際に**相場**を参考にすることは重要ですが、絶対に従うべきというルールはありません。前述のようにお客様が価値を理解してくれれば、相場より上の値段にも設定できます。また、「原価がこのくらいだから、これ以上の値段はつけられない」と考える人もいます。ですが、商品には見えない**付加価値**がいくつも加わっているはずです。自分の仕事のプロセスを思い出しながら「○○料」「○○費」という名目を立ててみれば、自分の商品の価値が改めて分かることでしょう。なお、定価は絶対に決めて提示しないといけないわけでもありません。ホームページやパンフレットには、お試し商品の価格だけを載せて、金額が高めな本命商品は価格を掲載しないという形式も検討してみてはどうでしょうか。

原価と相場を気にしなくていい

うちは
1000円

うちも
1000円

原価が安いから
高く売るとお客様
に悪いなあ〜

価格を決める時に相場を調べるのはよいことだが、相場だけで価格を決める必要はない。

1000円にしたほうがいいのかなぁ

原価率を気にしすぎるのもよくない。価値がある商品なら、原価が安くても価格は高くすればいい。

one point

多くの人は「この価格で満足してもらえるのか」という売った後の不安と、「この値段で売れるのか？」という売る前の不安を混同しがち。どちらに不安を感じているか分析しよう。

○ 時間をかけて
丁寧に制作した
○ アフターフォロー
などのサービス
○ クオリティを
一定に保っている
……etc.

高い価格でも
自信を持って売れる！

自分はこれだけの
価値を提供している！

価格を決める際には、自分の商品の目に見えない付加価値をリストアップしてみよう。

自分の商品がたくさんの価値を提供していることが分かるはず。自信を持って価格を設定できるだろう。

02 価格設定に困ったら 3ステップで考える

自分の商品になかなか価格をつけられない人は、ここで紹介する3ステップを使ってみてください。スピーディに決断することが可能となります。

迷って価格を決められないという人のために、具体的なプロセスをご紹介しましょう。これは**価格設定**以外でも使える3ステップです。1：まずは判断せずに選択肢の条件を洗い出す。2：その中からよさそうなものを選ぶ。3：最後は決断する。例えば、ある商品の価格を考える時、ステップ1では価格が1万円、2万円、3万円だとしたら、それぞれの場合に「その価格で買う人はどういう人か。また、どれくらい売れば目標の売上に達するのか。どのくらいのレベルのサービスが必要になるのか」といった条件を洗い出します。価格を固定して考えるのがポイントです。

3ステップで頭の中を整理

頭の中で考えているだけだと考えがまとまらないので具体的に整理してみよう。

STEP 1 選択肢を洗い出す

とりあえず価格を「1万円」と決めて、「その価格で買ってくれるターゲット層」「ほしい売上が得られる総個数」「顧客に満足してもらえるサービス内容」を考える。

ステップ2では、洗い出した条件を考慮した上でどれがよいかを選択します。ステップ3では「この金額でビジネスをする！」と最後は自分の気持ちで決断します。この3ステップを使用することで、早く決断することが可能になります。価格を決める際の一つのポイントは、「自分でも高いと思う商品は売れない」ということです。「高すぎて、自分なら買わない」と思っていたら、売れるものも売れません。商品に自信があって「この値段なら安い！」と思っているなら、相場以上の値段でも商品は売れます。もちろん、相場以上に高い価格なら、その価値をしっかりとお客様に説明することが必要です。お客様にその価値を理解してもらえれば、むしろ高い値段の時のほうが**満足感**を味わってもらえるはずです。

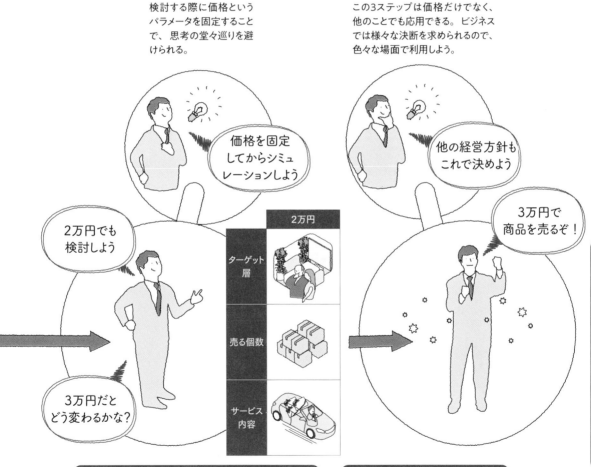

検討する際に価格というパラメータを固定することで、思考の堂々巡りを避けられる。

この3ステップは価格だけでなく、他のことでも応用できる。ビジネスでは様々な決断を求められるので、色々な場面で利用しよう。

価格を固定してからシミュレーションしよう

他の経営方針もこれで決めよう

2万円でも検討しよう

3万円で商品を売るぞ！

3万円だとどう変わるかな？

2万円

	2万円
ターゲット層	
売る個数	
サービス内容	

STEP 2　一番よさそうな選択肢を選ぶ

「2万円」「3万円」と他の候補の価格でも「ターゲット層」「総個数」「サービス内容」を書き出す。それらの中でよいものを選択する。

STEP3　最後は決断する

STEP 2でも甲乙つけがたい。選択肢は残るが、最終的に「この価格でいく！」と断定する。外側に答えはない。最後に決めるのは自分だ。

03 目標とする売上から逆算して販売をイメトレする

「年商1000万円！」といった目標がある場合、その売上のためにはいくらの商品を何個売らないといけないのか、シミュレーションしてみましょう。

「サラリーマン時代よりも大きく稼ぎたい！」という夢を抱いて起業する人はたくさんいます。ですが、問題は「年に1000万円は稼ぎたい！」と口に出していても、そのイメージが漠然としている人が多いことです。**目標売上**を少し具体的にしてみましょう。仮に1個1万円の商品を扱うとしたら、1000個売る必要があります。そうすると、大体1日に3個のペースで売れないと、この目標は達成できません。こう考えると、売上1000万円という数字の中身が具体的につかめるようになったのではないでしょうか。

目標の売上を具体的に把握

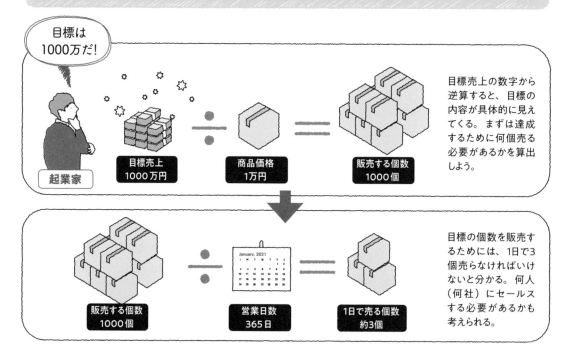

目標は
1000万だ！

起業家

目標売上
1000万円

商品価格
1万円

販売する個数
1000個

目標売上の数字から逆算すると、目標の内容が具体的に見えてくる。まずは達成するために何個売る必要があるかを算出しよう。

販売する個数
1000個

営業日数
365日

1日で売る個数
約3個

目標の個数を販売するためには、1日で3個売らなければいけないと分かる。何人（何社）にセールスする必要があるかも考えられる。

売上●万円という目標を持っているなら、このようにシミュレーションしてみましょう。まず、商品の価格はいくらか。次にその価格で目標に達成するまでに売る個数はいくらか。最後に、その個数のために何人を集客する必要があるのか。このように逆算するのです。このシミュレーションは、あなたのビジネス内容と目標とする売上が釣り合っているか確認するのに最適です。「あなたの目標の売上÷商品の価格＝売らなければいけない個数」を計算し、その個数を売るために何人（何社）にセールスする必要があるかを考えてみてください。単価の安い商品を、びっくりするほどたくさんの人に売らないといけなくなるかもしれません。現在の単価では目標売上を達成できない場合は、単価が高く粗利がしっかりと残る商品にする必要があります。

薄利多売ではなく単価の高い商品を

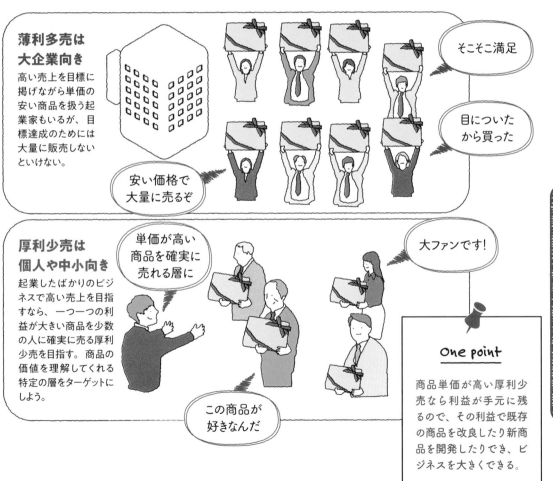

薄利多売は大企業向き
高い売上を目標に掲げながら単価の安い商品を扱う起業家もいるが、目標達成のためには大量に販売しないといけない。

安い価格で大量に売るぞ

そこそこ満足

目についたから買った

厚利少売は個人や中小向き
起業したばかりのビジネスで高い売上を目指すなら、一つ一つの利益が大きい商品を少数の人に確実に売る厚利少売を目指す。商品の価値を理解してくれる特定の層をターゲットにしよう。

単価が高い商品を確実に売れる層に

大ファンです！

この商品が好きなんだ

One point
商品単価が高い厚利少売なら利益が手元に残るので、その利益で既存の商品を改良したり新商品を開発したりでき、ビジネスを大きくできる。

04 あなたの自信に合わせて 少しずつ価格を上げればよい

価格を上げることに抵抗を感じるのは、商品に自信がないからかも。商品の価値を上げることで自信がつき、値段をアップさせることができるようになります。

商品の値上げに抵抗を感じるとすれば、あなたに自信があるかどうかの問題なのかもしれません。商品の価値を少しずつでも高くしていくことで自信がつきます。そうすることで価格も上げられるようになるのです。価値を上げる方法としては、「お客様の要望を取り入れる」「簡単にできるプラスアルファのサービスを増やす」「お客様の感謝の声をサイトに掲載する」など、様々な工夫が考えられます。また**値上げ**をする時は、特に事情や理由を説明する必要はなく、「○月○日より価格改定させていただきます」と早めに告知すればよいでしょう。

理由を積み上げることで値上げできる

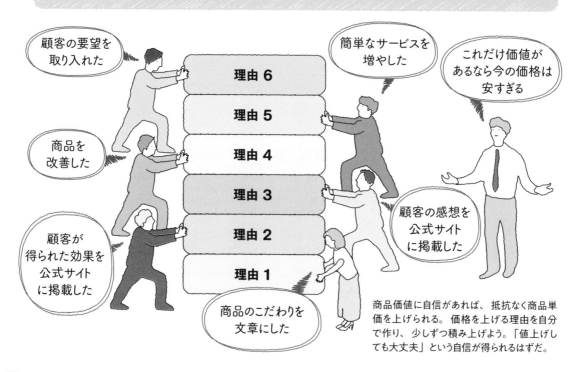

商品価値に自信があれば、抵抗なく商品単価を上げられる。価格を上げる理由を自分で作り、少しずつ積み上げよう。「値上げしても大丈夫」という自信が得られるはずだ。

「価格が高いと買ってもらえないのでは……。でも価格が安いと利益が出ない……」というジレンマに多くの人が悩みます。このジレンマを解消する方法が、2段階の**価格設定**です。これは、価格を「コストをペイするための価格」と「利益を出すための価格」の2種類に分けるというものです。前者は「お得意様価格」です。得意客には安めの価格で買ってもらってもよいでしょう。商品が売れて、開発費用や告知用のホームページの構築費などのコストを回収した段階で、利益を出す価格に切り替えるのです。切り替えた段階から売上は利益になります。起業家はリスクを減らせて得意客は割安に買えるので、両者にメリットがあります。なお、価格は2段階設定でなく3段階でも何段階でも OK です。

2段階で価格設定をしてみよう

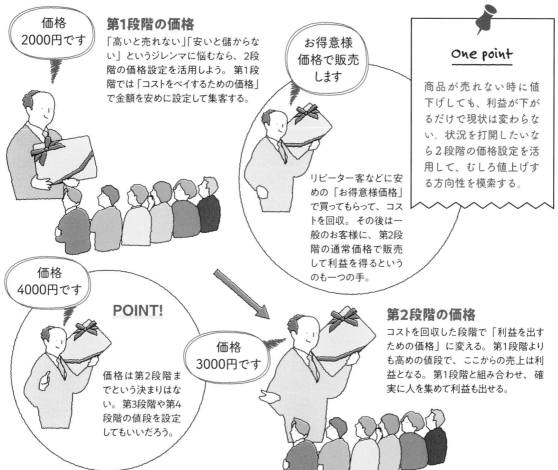

第1段階の価格
「高いと売れない」「安いと儲からない」というジレンマに悩むなら、2段階の価格設定を活用しよう。第1段階では「コストをペイするための価格」で金額を安めに設定して集客する。

価格
2000円です

お得意様
価格で販売
します

リピーター客などに安めの「お得意様価格」で買ってもらって、コストを回収。その後は一般のお客様に、第2段階の通常価格で販売して利益を得るというのも一つの手。

One point
商品が売れない時に値下げしても、利益が下がるだけで現状は変わらない。状況を打開したいなら2段階の価格設定を活用して、むしろ値上げする方向性を模索する。

価格
4000円です

POINT!

価格は第2段階までという決まりはない。第3段階や第4段階の値段を設定してもいいだろう。

価格
3000円です

第2段階の価格
コストを回収した段階で「利益を出すための価格」に変える。第1段階よりも高めの値段で、ここからの売上は利益となる。第1段階と組み合わせ、確実に人を集めて利益も出せる。

05 値下げはいつでもできるから高単価で勝負しよう

前項で価上げの話をしましたが、不安な人も多いでしょう。ただ、値下げはいつでもできます。もし値下げする場合についてもアドバイスします。

組織の中の会社員と違って、起業家は自分の商品の値段を自分だけの判断で決められます。値段を上げることも下げることも、あなたの判断で行えます。どうしても値上げに不安を感じてしまったら、「いつでも**値下げ**することができる」と考えて大丈夫。売れなかった場合、最後の手段として値下げを考えてみましょう。ただし、安易な値下げはよくありません。92〜93ページで、「値段を上げられないのは自信の問題」と解説しましたが、高めの値段に設定しても買ってくれる人がいることで、自分の商品に対する自信を得ることができるのですから。

理由のない値下げは信頼を損なう

値下げする際に大事なのは、ちゃんと理由のある値下げをするということです。「高いから値引きしてよ」とお客様にいわれただけで値下げをしていたら、商品の価値が下がってしまいます。すでに定価で買ったお客様も不満を持つことでしょう。値下げのためには妥当な理由が必要です。理由としては以下のようなものがあります。「作業工程を減らす」「提供するスペックを下げる」「納期を延ばして、閑散期に作業してコストを抑える」「お客様にモニターとして使用してもらうことで特別に値引きする」「機能を落とした廉価版として提供する」「得意客に特典として低価格で提供する」。こうした理由をあらかじめ準備しておけば、高い値段設定も自信を持ってできますし、戦略的に値下げすることも可能となります。

値下げの理由を用意しておく

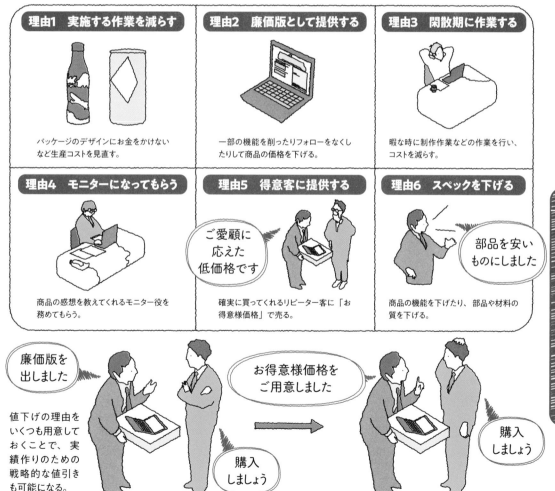

理由1　実施する作業を減らす
パッケージのデザインにお金をかけないなど生産コストを見直す。

理由2　廉価版として提供する
一部の機能を削ったりフォローをなくしたりして商品の価格を下げる。

理由3　閑散期に作業する
暇な時に制作作業などの作業を行い、コストを減らす。

理由4　モニターになってもらう
商品の感想を教えてくれるモニター役を務めてもらう。

理由5　得意客に提供する
ご愛顧に応えた低価格です
確実に買ってくれるリピーター客に「お得意様価格」で売る。

理由6　スペックを下げる
部品を安いものにしました
商品の機能を下げたり、部品や材料の質を下げる。

廉価版を出しました
値下げの理由をいくつも用意しておくことで、実績作りのための戦略的な値引きも可能になる。
購入しましょう

お得意様価格をご用意しました
購入しましょう

06 利益を出すのは お客様のため

利益は決してビジネスを行う人だけのためのものではありません。利益は、ビジネスで
お金を払うお客様や世の中のためのものでもあるのです。

価格を値上げすることに抵抗を感じるのは、「自分だけ儲けてよいのか」という罪悪感がどこか
にあるからかもしれません。**利益**は当然ビジネスをしている人のためのものですが、実はそれだ
けではありません。利益はお客様のためのものでもあるのです。利益を出すことでビジネスを
続けることができ、そのサービスを必要とするお客様が助かります。さらに利益によってサービ
スをよりよいものに改善できるので、お客様のためになります。値上げして利益を増やすことは、
ビジネスを行う人だけでなく、お客様のためにもなるのです。

顧客のためにも利益を出そう

利益DOWN＝お客様が困る
ビジネスが継続できないと、それを必要とする
顧客も困ってしまう。

利益UP＝お客様が喜ぶ
利益を出し続けることで、顧客に貢献し続け
ることができる。

また、「お金の使い道を提供する」ということもビジネスの役割の一つです。例えば、富裕層がお金を使うことで経済が回りますが、小さい規模の起業でも富裕層向けのサービスを提供することは可能です。経済を回して社会に貢献できるのです。起業家の中には、若年層など、あまりお金を持っていない人のために安くサービスを提供したいと考える人もいることでしょう。ですが、安価にサービスを提供するビジネスは薄利多売でないと成立しないので、大きい規模の会社でないと難しいかもしれません。お金を持たない人たちを支援したいと思うならば、ビジネスによって富裕層などからお金を払ってもらって、そのお金を寄付などに回す方法もあります。はじめは比較的お金を持っている人を相手に、ビジネスを展開することをおすすめします。

利益を出すことで世の中がよくなる

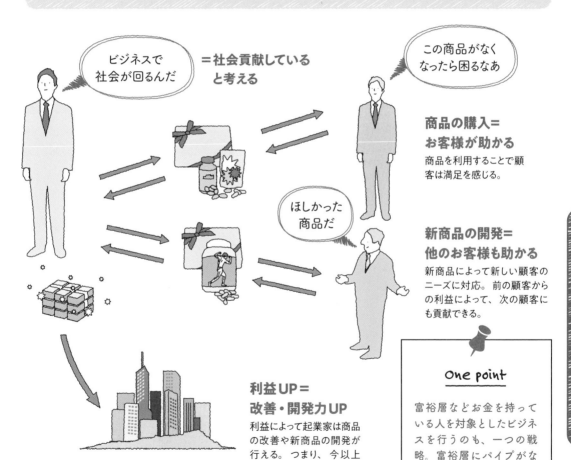

ビジネスで社会が回るんだ ＝社会貢献していると考える

この商品がなくなったら困るなあ

**商品の購入＝
お客様が助かる**
商品を利用することで顧客は満足を感じる。

ほしかった商品だ

**新商品の開発＝
他のお客様も助かる**
新商品によって新しい顧客のニーズに対応。前の顧客からの利益によって、次の顧客にも貢献できる。

**利益UP＝
改善・開発力UP**
利益によって起業家は商品の改善や新商品の開発が行える。つまり、今以上に顧客に貢献できるのだ。

利益の中から税金を支払う。税金は公共のために使われる。利益は社会をよくすることにもつながる。

One point

富裕層などお金を持っている人を対象としたビジネスを行うのも、一つの戦略。富裕層にパイプがなくても、お得意様が一人できれば口コミで客層を開拓できる。

07 「数字に強い経営者」でなくても大丈夫

売上、原価、利益など、ビジネスにまつわる数字はたくさん存在します。数字が苦手な人は起業しても成功できないのでしょうか？　そんなことはないのです！

起業すると、売上、原価、年商など、様々な数字を扱うことになります。数字が苦手な人はそれだけで気後れしてしまうかもしれません。ですが、数字に弱くても起業して成功することはできます。基本的に小学校の算数の授業で習うレベルの計算ができれば大丈夫です。ざっくりとした計算ができれば問題ないのです。世間でいう「数字に強い経営者」はコストを1円台まで正確に把握しているのではなく、「1日のコストが大体1万だから1か月なら約30万円」といった感じで大づかみに計算しているのです。正確な数字より、判断できる数字が重要なのです。

税務申告を自分でやってみると……

START!

全部自分でやるぞ！

税務申告を自分でするとお金はかからないが、それ以外のメリットは少ない。

税制について勉強したり慣れない作業をしたりして、時間がかかる。

NG

税制が変わりました

NG

税制は頻繁に改正されるので、せっかく勉強しても変化に対応するのが大変だ。

「数字が苦手でも大丈夫といっても、**決算**や**税務申告**があるじゃないか？」と考える人もいることでしょう。自分で専門書を読んだり勉強したりして自分で行うべきなのでしょうか？　税法は細かく変わることがありますので、勉強してもなかなか追いつけません。また、法人化したら**税理士**に頼んだほうが効率的です。「他人に頼むとお金がかかる。ただでさえ、お金がないから、少しでも節約したいのに……」と思うかもしれませんが、専門家に任せておいて、その時間は自分のビジネスに専念したほうが、トータルではあなたにプラスをもたらします。自分でやろうとすると、時間もかかるし、間違えて余計に税金を払うことになりかねません。決算書などは専門家にお任せして OK です。

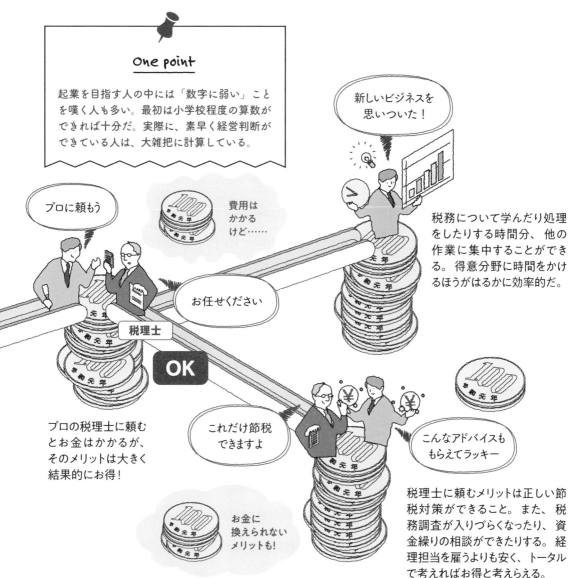

One point

起業を目指す人の中には「数字に弱い」ことを嘆く人も多い。最初は小学校程度の算数ができれば十分だ。実際に、素早く経営判断ができている人は、大雑把に計算している。

新しいビジネスを思いついた！

プロに頼もう

費用はかかるけど……

お任せください

税理士

OK

税務について学んだり処理をしたりする時間分、他の作業に集中することができる。得意分野に時間をかけるほうがはるかに効率的だ。

プロの税理士に頼むとお金はかかるが、そのメリットは大きく結果的にお得！

これだけ節税できますよ

こんなアドバイスももらえてラッキー

お金に換えられないメリットも！

税理士に頼むメリットは正しい節税対策ができること。また、税務調査が入りづらくなったり、資金繰りの相談ができたりする。経理担当を雇うよりも安く、トータルで考えればお得と考えらえる。

08 モニターを募集して実績を作ろう

誰もが最初は実績ゼロからスタートしています。実績という過去の結果よりも、あなたが今何をしてくれるのかをお客様は見ているものです。

「実績がないから信用されない」「商品が売れるまで実績も作れない」というループにとらわれて、商品販売に最初の一歩を踏み出せない人がいます。けれども、踏み出さなければ実績ができるはずがありません。**実績**ははじめてから一つずつ積み上げていくもの。あなたがそのサービス・商品をすすめられる自信があれば、実績はなくても大丈夫なはず。はじめは**モニター**を募ってみましょう。これなら商品を安心して体験してもらえます。そして実績ができます。すると今度は、できるだけたくさんモニターを募ろうと奮闘してしまいがちですが、数は問題ではありません。

実績がないと集客は成功しない？

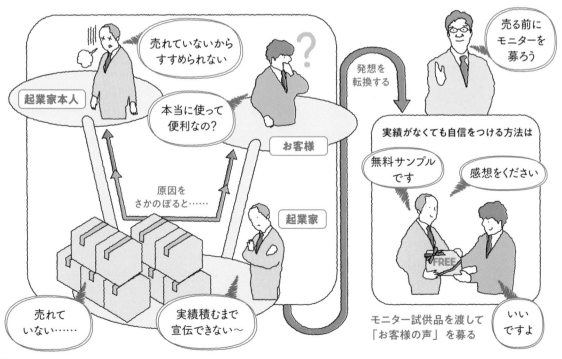

売れていないからすすめられない

起業家本人

本当に使って便利なの？

お客様

？

原因をさかのぼると……

起業家

売れていない……

実績積むまで宣伝できない〜

発想を転換する

売る前にモニターを募ろう

実績がなくても自信をつける方法は

無料サンプルです

感想をください

FREE

モニター試供品を渡して「お客様の声」を募る

いいですよ

まずは一つの実績を作ることに専念しましょう。最初は知人や友人に協力してもらえばよいのです。モニターだということを伝えて、感想や意見などのフィードバックをしっかり受けます。低価格で商品を提供すると、その後も料金を上げられないという話を聞きますが、そんなことはありません。なぜなら、料金を上げるのではなく、通常の料金になるだけだからです。通常料金を払ってでも利用したいと思われるものを目指しましょう。そして、たった一つでもモニターから意見を得られたら、それを実績としてセールスに活かしましょう。「●●が楽になったという意見をいただきました」「売上が上がったという嬉しい声をいただきました」というように集客することができます。

たった一つの実績でよい

START!

モニター開始

これはよかった

買ってみよう

口コミ・紹介

さらに紹介
してもらえる

使用後の
フィードバックを

いいですよ

使い心地を
ちゃんと伝えよう

よい
ところ

お客様1

お客様2

もう少し
サラサラ
したものを

もっと
色数を
増やして

試してもらう

直すところ

感想・意見フィードバック

無料で試せる
なんてラッキー！

お客様1

ブラッシュアップ
できる

使いやすいと
いう意見でした

お客様3

GOAL!!

試してみますね

自信を持って集客開始

満足度99％でした

再度モニター開始

感想を
伝えますね

09 商品の完成前に チラシを作ってみると……

売るためのツール、例えばチラシを作ることで、買う側の視点に立つことができます。
この商品に対して、どうしたら気持ちよくお金を払えるのかが明確になります。

チラシ、パンフレット、WEB サイトなど、商品を告知するため、売るためのツールを、ここでは総称して**チラシ**と呼びます。商品完成後にチラシを作るのではもったいない。チラシ作りは商品のブラッシュアップに、とても役に立ちます。お金を払う人にとっての魅力は十分か。価格は見合っているか。使いやすさや買いやすさは？　チラシを作ることは、その商品を買ってもらうために必要なことを自分自身で文字や絵図にすることです。それにより、商品がお客様からどう見えるか、リリースするために決めなければいけないことが何かなどが明確になります。

他社のチラシはヒントがいっぱい

①サンプルを集める
一言にチラシといっても、食品や日用品の販売から、スクールなどの勧誘、美容関係など、ジャンルは様々。あなたの業種に近いサンプルを集めてみて。

②サンプルを見比べる
集めたサンプルを比較してみて、どれが分かりやすいか、どれが興味を引かれる文言が書かれているのか、実際に購入する立場で考えてみよう。

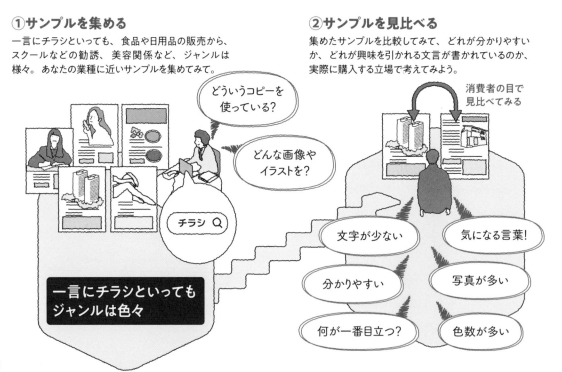

チラシの最終的な仕上げはプロに頼むとしても、下書きまでは自分で作ってみましょう。手書きのもので構いません。こうすることで、商品やサービスのことが客観的にとらえることができます。例えば料金の支払い方法がはっきりしていなかった、使い方が説明しにくい＝分かりにくいなど、自分目線では気づかなかったことが出てきます。そして「自分ならこの商品に対してこの価格で買うのか」ということを客観的に考える材料になります。さらに、作ったチラシを知人や友人など周囲の人に見せて意見を聞くことができ、直接的なフィードバックがもらえます。そして、商品について改善提案なども吸い上げることができます。完成前であれば、商品をよりよい形へと改良することができます。

チラシで商品の姿が見えてくる

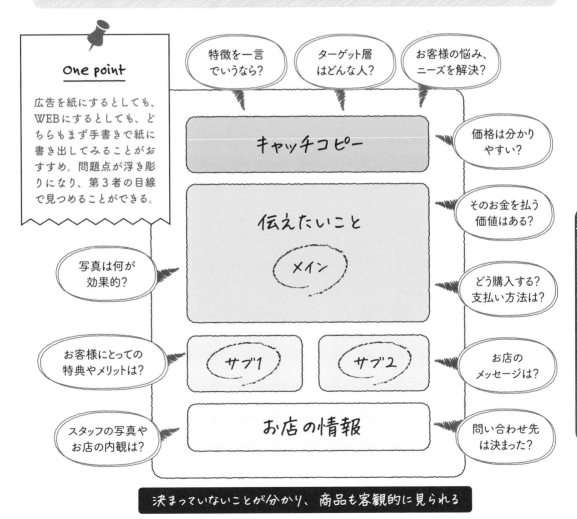

No.04

歴史上に名を
残した人々の
起業を知る
第一次起業ブーム時代

横川竟（よこかわ きわむ）

「すかいらーく」創業者の一人

1937年長野県生まれ。中学卒業とともに上京し、仲卸問屋で働いた後に食品会社を立ち上げるも撤退。次にレストラン事業に着手。当時の外食は食堂が一般的で、レストランというスタイルは珍しかったものの、洋食中心の「すかいらーく」第一号店を東京都国立市に1970年開業する。

ファミレスの元祖を生む

横川氏は在庫管理システムや接客マニュアルの作成など運営側にも新しい試みを導入。座右の銘「価値ある豊かさの創造」は「すかいらーく」創立時のモットーでもあった。食事だけではなく、色々な価値をそろえた楽しい店作りを一からという意味で「創造」としたのだと。喜ばれることを目指し挑戦したことが成功の要因といえよう。

矢内廣（やない ひろし）

チケット販売大手 「ぴあ」 創立者

月刊情報誌「ぴあ」を創刊した 1972年は矢内氏が中央大学 4 年生の時。卒業前にこのまま普通に就職するのではなく、自分たちのビジネスを起こそうとしたのが起業のきっかけという。そこで、好きな映画の情報を網羅しているメディアがなかったから作ろうと思い、サンプルを周囲に見せたところ 100円なら買うといわれて創刊を決めたという。

▼

座右の銘は 「初心」

ただ、創刊時からビジネスになると思っていたのではなく、3号の発行部数が創刊号を超え、書店に営業していくうちに手ごたえを感じた頃から商品力があると確信。そんな矢内氏のモットーは「初心」。今でも、なぜそのビジネスをはじめようとしたのか、はじめの気持ちを思い出すことが大切と語っている。

藤田田（ふじた でん）

日本マクドナルド創業者

アメリカマクドナルドの創業者レイ・クロックは日本の食文化に合った展開をできる起業家を探す中で藤田氏に出会う。藤田氏は「経営は日本人がする」「アドバイスは受けるが命令は受けない」などと申し出、破格の好条件でライセンス契約の締結に成功。そして、日本マクドナルドの1号店は 1971年、三越銀座店の一角にオープンした。

▼

命令は受けないという姿勢

日本のハンバーガー屋となるべく商品の味や名称などを、日本人に合うように細心の注意を払い変えていった結果、マクドナルドは十数年で日本の外食産業で売上トップに。アメリカから反対の声はあったが、藤田氏は「命令は受けない」をモットーに、売上を出すなど結んだ契約を守ることで信頼関係を積み上げていったという。

（文責：GB 編集部）

Chapter 5

KIGYOU marketing
mirudake note

苦手な人でも
効果を出せる集客方法

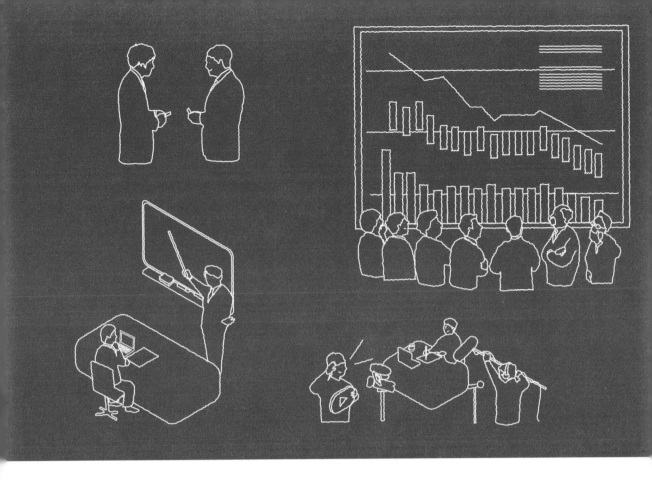

起業における大きな困難といえば、集客、マーケティングといっても過言ではありません。はじめから大勢のお客様を集めることは簡単にはできません。では、どうすればよいのか？ 効果的なアドバイスをご紹介します。

01 集客とはお客様に価値を知ってもらうこと

集客とは、誰かに頼み込んで自分のサービスを買ってもらうことではありません。必要としている人に、必要とされるものを届ける。その第一歩が集客なのです。

集客や**宣伝**を、買ってもらうためにすることと考えていませんか？ 「集客をするのは気が引ける」「自分から宣伝しなくても、よいものを提供していればお客様がついてくる」。そんなふうに考える人が少なくないのですが、そうではありません。人は自分がほしいものを買い、必要とするサービスを受ける。それは事実です。けれど、そのためには、ほしいものやサービスが存在すること、そして「自分が何を必要としているのか」を知る必要があります。集客とは、それを教えてあげることでもあります。

集客と営業が仕事の8割

よい商品は
口コミで人が集まるから
商売人は何もしなくてよい

腕がよければ
仕事がどんどん増えるから
自分からPRしなくてよい

起業で失敗する人

起業で失敗する人

こういう新商品ができました

この商品はこういうものです

商品

集客

営業

集客と営業がビジネスの要

集客とは、その商品やサービスをまだ知らない人へ告知し、認知してもらい、ほしいと思ってもらうこと。

営業とは、お客様の相談に乗り、ニーズを明確にし、最適な問題解決策を提案すること。

「こんなものがほしかった」「このサービスにもっと早く出会いたかった」。自分のビジネスは、誰かにとってそういうものかもしれません。偏頭痛にずっと悩んでいる人が、一発で治してくれるお医者さんに出会ったら、どんなに救われるでしょうか。「腕がいいから口コミで患者は集まる。だから自分から集客する必要はない」。医者（自分）の立場からはそうかもしれませんが、患者さんにとっては、お医者さんからの発信が出会いのよりどころです。口コミであっても、口コミが生じるよう「SNSで感想を投稿してくれたらサービスがある」などといった努力をすることが重要です。集客は自分のためではなく、お客様のため。その意識と、そうであるための努力が重要です。

集客とは人助けである

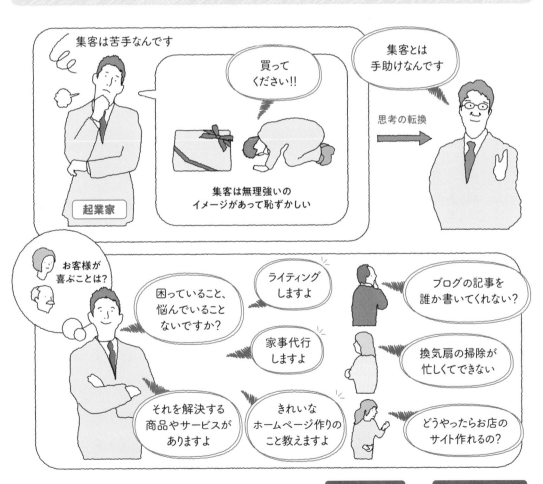

誰かの悩みを解決する手立てを教える 社会貢献 ＝ それが集客

02 出会う人すべてが大切な見込み客

あなたはもしかしたら、お客様を見つけようとしていませんか？　でも、最初から誰が買ってくれるかを見定めることは難しいもの。「見込み客」を広くとらえ直してみましょう。

ビジネスをしている時、つい「この人は買ってくれそう」「この人は買わない人」という目で見てしまい、「買ってくれそうな人」にばかり注目しがちです。では実際に、あなたの商品を購入された方はもともと「買ってくれそうな人」ばかりでしたか？　そうではないと思います。はじめから買ってくれる人は分かりません。「買ってくれそうな人」だけを「**見込み客**」と限定してしまうと、その段階でPRする相手が減ってしまうのです。「見込み客」の考え方を広げてみましょう。つまり、出会う人すべて、連絡先を知っている人すべてが「見込み客」なのです。

一口にお客様といっても色々

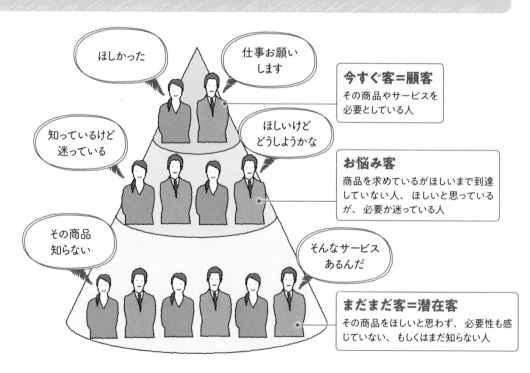

この人は買ってくれそうか、買う気がなさそうか、そういった判断をする前に、出会う人すべてがお客様と考えれば、誰に対しても分け隔てなく丁寧に接することができます。そして、自ら積極的に出会いの場を増やしていきましょう。交流会に足を運んで名刺交換をしたら、その時の感想やお礼を添えたメールなどを送り印象を残しておきましょう。また、多くの人が商品を作ってから「見込み客」を探そうとします。商品がないと情報発信ができないと考えがちです。しかし、商品ができる前でも、出会う方々＝「見込み客」にアピールできることはたくさんあります。例えば、あなたのブログやメルマガであなた自身の個性やメッセージを発信して、あなたの**ファン**や**仲間**を作っておけば、そこに商品につながるニーズが見えてくるはずです。

「見込み客」を広く考える

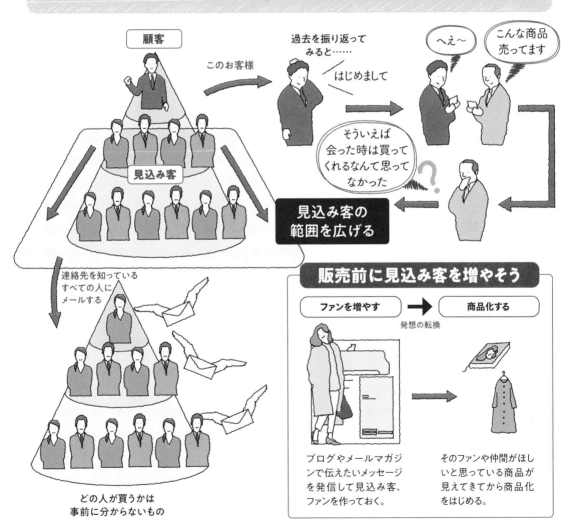

過去を振り返ってみると……

はじめまして

へぇ～

こんな商品売ってます

そういえば会った時は買ってくれるなんて思ってなかった

見込み客の範囲を広げる

顧客

このお客様

見込み客

連絡先を知っているすべての人にメールする

どの人が買うかは事前に分からないもの

販売前に見込み客を増やそう

ファンを増やす ➡ **商品化する**

発想の転換

ブログやメールマガジンで伝えたいメッセージを発信して見込み客、ファンを作っておく。

そのファンや仲間がほしいと思っている商品が見えてきてから商品化をはじめる。

03 集客をシンプルに 4ステップで考えてみる

集客というとハードルが高そうに感じますか？　実は集客でするべきこと自体はシンプルな4ステップ。丁寧に信頼関係を築き、ファンになってもらうことです。

どんな商品の集客・販売も下のイラストの通り、4ステップで成り立っています。商品を説明する前に、お客様と「出会う」必要があります。この「出会う」とはつまり、広告や告知に当たります。人からの紹介や交流会での名刺交換なども「出会う」チャンスです。さらに、「出会う」と「説明」の間に「仲よくなる」というステップを入れてみましょう。「出会う」人すべてが「見込み客」と思って接し、無料でサービスを体験してもらったり、丁寧にメールやSNSなどを使って関係を築いていったりすることで「仲よくなる」のです。

「出会う」から「買う」までの4段階

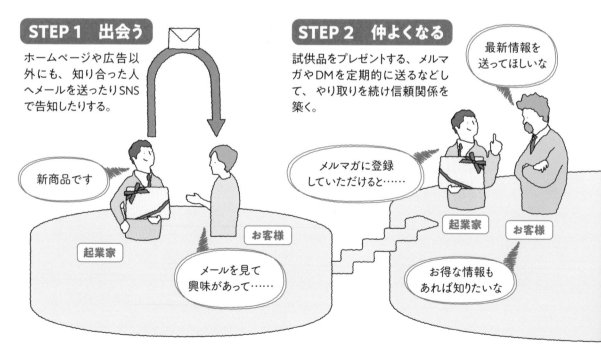

STEP 1　出会う

ホームページや広告以外にも、知り合った人へメールを送ったりSNSで告知したりする。

新商品です

起業家

お客様

メールを見て興味があって……

STEP 2　仲よくなる

試供品をプレゼントする、メルマガやDMを定期的に送るなどして、やり取りを続け信頼関係を築く。

最新情報を送ってほしいな

メルマガに登録していただけると……

起業家

お客様

お得な情報もあれば知りたいな

「仲よくなる」ステップでは、相手の悩みや要求などを汲み取って、自分が提供できるものを提案します。ビジネスのためでなく、本当に相手のことを考えて、役立てるものを伝えたいという気持ちを理解してもらえれば**信頼関係**はでき上がります。すると、その中で購入してくれるお客様が出てきます。「出会う」数を増やし、そのうち「仲よくなる」人との関係がより強固になれば、無理しなくても自然と売れていくものです。すなわち、お客様は「あなたから買いたい」とあなたのファンになってくれるのです。信頼関係がしっかりと築ければ、購入するかしないかにかかわらず、人間関係は変わらずに続くはずです。そこから、口コミや紹介で、さらに新たな出会いが広がっていくこともあるでしょう。

STEP 4　販売（買う）

検討してくれた人が最終的に購入してくれる。しっかりと信頼関係が築けていれば、また購入してくれる。

購入者へ積極的にアプローチを続けて信頼関係を築くのが次の集客につなげるコツ。

STEP3　説明（検討）

商品の価格や価値について説明をしたり、場合によってはお試しを提供したりする。

今後もお得情報を送りますよ

さらにメール配信

リニューアルしました！

この商品も気になります

こういう時に役立ちますよ

初回限定価格もあっていいですね

いいですね。買います！

いいですね。買います

起業家　お客様

この商品のメリットは……

より効率のよい「買う」には、「出会う」「仲よくなる」が重要

この人から買いたいと思わせる

04 「買いたい」と思っている人に出会おう

ターゲットを絞り込むことはお客様を選ぶこと。まずは「誰に売りたいか」よりも「誰に売れるか」で、結果的にターゲットを決めていけばよいでしょう。

起業しようと思ったら、色々な起業本やセミナーで「**ターゲット**を絞り込め」「一点に集中すべき」といわれることでしょう。しかし、ターゲットを絞り込めないからといって、次のステップに進めないでいるのは時間の無駄です。こういう時は、進みながら徐々に絞り込んでいけば問題ありません。「では、ジャンルも絞らず、色々なものに手を出しながら、スタートダッシュを切っていいのか？」といえば、そういうわけでもありません。いくつかの選択肢を同時並行で進めてみてはどうでしょうか。結果を見つつ取捨選択すればよいのです。

すべての人に売ろうとしなくてよい

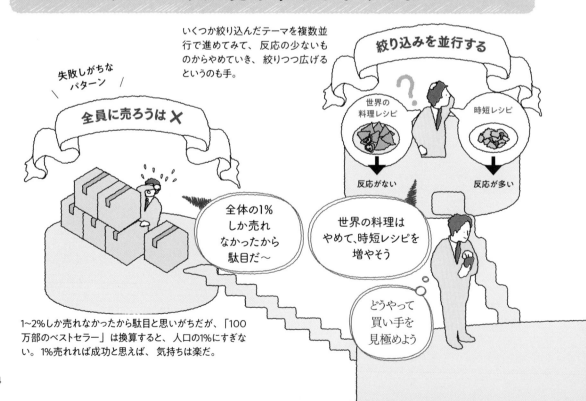

いくつか絞り込んだテーマを複数並行で進めてみて、反応の少ないものからやめていき、絞りつつ広げるというのも手。

絞り込みを並行する

世界の料理レシピ

時短レシピ

反応がない

反応が多い

世界の料理はやめて、時短レシピを増やそう

どうやって買い手を見極めよう

失敗しがちなパターン

全員に売ろうは ✗

全体の1%しか売れなかったから駄目だ〜

1〜2%しか売れなかったから駄目と思いがちだが、「100万部のベストセラー」は換算すると、人口の1%にすぎない。1%売れれば成功と思えば、気持ちは楽だ。

114

また、全体の1〜2％しか売れなかったから駄目だと思ってしまう人も多いのです。すべての人に売れないとビジネスとして成り立たないと思っていませんか？　ほしくないと思っている人も振り向かせないといけないと思っていませんか？　ほしいと思っている人だけに売るのが販売で、ほしいと思っている人を見つけ出すことが集客です。今は必要ないという人には、今後の情報をお送りしてもよいでしょうかと、気持ちよく話を切り上げましょう。セールスとは無理に売ることではありません。買いたいと思っているお客様の背中を最後に押してあげることです。一度に20〜30人の前でセールスするとしても、「30人すべてに売らないと！」と思う必要はありません。そのうち、一人、二人が興味を示してくれれば成功と思いましょう。

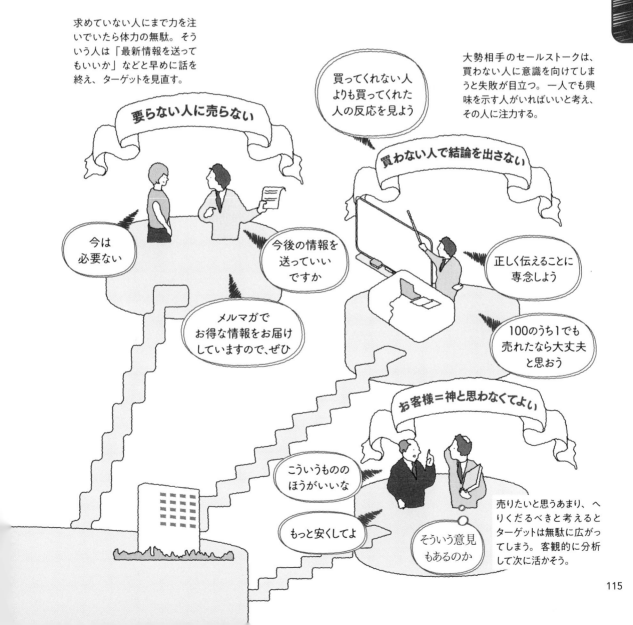

求めていない人にまで力を注いでいたら体力の無駄。そういう人は「最新情報を送ってもいいか」などと早めに話を終え、ターゲットを見直す。

大勢相手のセールストークは、買わない人に意識を向けてしまうと失敗が目立つ。一人でも興味を示す人がいればいいと考え、その人に注力する。

売りたいと思うあまり、へりくだるべきと考えるとターゲットは無駄に広がってしまう。客観的に分析して次に活かそう。

115

05 集客とは「与えること」と考えて仲よくなろう

相手に何をしてほしいかではなく、自分が相手に何をしてあげられるか。それを考えて行動することでファンができます。売上は結果的なものにすぎません。

「これを買ってください」「このイベントに来てください」。セールスや集客が苦手な理由は、このようにして自分の利益を考えているせいかもしれません。実は、相手にそれが見透かされてしまっています。例えば、とてもおいしいレストランに出会った時、素晴らしい本を読んだ時、あなたはそれを親しい人にすすめるのがイヤでしょうか？ むしろうれしい、楽しいはずです。本当によいものは、大切な人に紹介したい。それが集客やセールスの基本です。おすすめしたいもの、貢献できるものを提供すること、与えることがビジネスです。

セールス＝「幸せをおすそ分け」ととらえる

集客を「告知すること」だけと思っている人は、いたずらに広告費を浪費するだけで効果がないと嘆きがち。見込み客にはその後に「仲よくなる」行為が必要。

ホームページ

総決算 SALE

チラシ

SNS・ブログ

売り込みは苦手

売上を出さないと

トークは苦手

買ってもらわないと

悩む起業家

営業できない人

売ることを押しつけと思っている、売上やノルマ達成ばかりを気にしている。そんな人はお客様も売り込まれていると感じてしまう。

見込み客をたくさん

営業で成功するコツ1

はじめてのお客様限定価格です

イベントに招待します

集客や宣伝は「**よい情報のおすそ分け**」と考えてみましょう。必要な相手に届けることで役に立ち、感謝されるものです。ビジネスである限り、もちろん利益を出すことは基本です。相手が必要としているものを提供して、その対価をいただくために、まずは相手に与えること。それはお得な情報かもしれませんし、特別キャンペーンの特価サービスやサンプル製品かもしれません。その時はコストがかかりますが、やがてそれ以上の成果が出ます。お客様に喜んでもらった結果が売上になるのがビジネスです。誰かに贈り物をする気持ちで、先に「与える」ことを実践しましょう。まずは、集客＝売り込みという思い込みから離れて、他人におすすめを与える行為と考えてみると、集客が楽しいものになります。

One point

「与える」は無期限。毎日続けよう。例えば、メルマガ配信も「与える」こと。ためになる情報ばかりではなく、親近感の湧く日常的な話題でもよい。

 一人一人のお客様に忘れられないように
情報などを「与え」続けることが大切

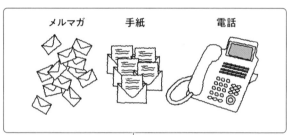

メルマガ　　手紙　　電話

初回無料
キャンペーンしてます

お友だち紹介
セールしています

これはいい、
ありがとう

サンプル
お渡しします

伝える
だけは×

試したら
よかったよ

試してみま
せんか？

集客とは
一度の告知で終わる
ものではない

営業で成功するコツ2

「見込み客」に分け隔てなく接すること。
知人・友人にプレゼントを贈る時のように
与えることを楽しむと、お客様は買うこと
を楽しんでくれる。

06 積極的に他人に頼って集客を進めよう

自分のこと、自分のサービスのことは、案外と分かっていないもの。意見を聞く。外注できることは外注する。一人でのビジネスほど人を巻き込むことがポイントです。

自分はサービスを提供する側。プロなのだから弱みや手の内は見せられない。そんなふうに考えるのは損です。サービスは受ける人のためのもの。受ける人に「何がほしいですか？」「なぜ迷っていますか？」「なぜほしくないのですか？」。そう聞いて意見を活かしたほうが、自分にとっても相手にとっても今後のためです。自分のことは自分が一番分かっていると思いがちですが、そうではないことも多々あります。一生懸命売ろうとしたものより、おまけにつけたものが人気になるなどということはめずらしくありません。

巻き込んで集客を成功させる

集客方法が思いつかないからこの仕事はやめよう

人に聞くのも恥ずかしいな

成功者ほど他人を頼るよ

こんな質問したらみっともないと思わず、思い切ってどんな集客方法があるのか、アイデアを他人から積極的にもらおう。

同じような商品はこう売っているよ

集客法が思いついたら、商品を作ろうと考えていたら、あっという間に時間が過ぎてしまう。「自分一人では分からない」と割り切ってしまおう。

「とにかく聞くことが大切」か

こういうアイデアがあって……

SNSでの集客が合いそう

どの分野のプロであっても、ビジネスを成立させるためには「売る」「買ってもらう」ことが必要です。商品開発はもちろん、どのように広めたらよいのか、販売したらよいのかも、受け取る側に希望を聞けば参考になります。もちろんお金を払う側は好き勝手なことがいえますから無理難題もいうでしょう。また、成功者ほど積極的に他人を頼っているもの。アイデアが浮かんだ段階で、商品を作る前に、集客をする前に、といった感じで**相談**をするタイミングも素早いものです。他人と話している間に、問題点や次の課題が浮かんできて、何を具体的にするべきか方向性が定まってきます。時にはびっくりするような**アドバイス**もあるかもしれません。それも一旦は受け入れてみましょう。意外と自分の視野が広がるものなのです。

07 はじめは大勢よりも たった一人を大切に

ゼロには何をかけてもゼロ。まずは一人のお客様と出会い、結びつくことに集中します。
実際に会って話せる、人と人との関係からお客様が生まれます。

必要経費を考えれば、これだけの売上が必要。ならば、これだけのお客様が必要。そんな数字が頭に浮かんでしまうのは仕方のないことでしょう。けれどお客様を数字で考えていては、ファンになってもらうことはできません。それではビジネスも安定しません。起業したてでお客様が少ない時は、一人一人と長く続くよい関係を築くチャンスです。直接会いに行ったり、手紙を書いたりという接近戦ができるからです。メールやSNSなど便利なツールがいくらでもある時代。どのツールかは重要ではありません。それを使うのは、いつでも人だからです。

やりがちな集客のミス

最初のお客様になってもらうために、その人のために何が提供できるかを徹底的に考えます。「これを買ってください」ではなく「あなたのためにこう役立ちます」と直接伝える。すると、たとえ買ってもらえなかったとしても、相手に情報提供できたことにはなります。会っているからこその意見を聞かせてもらえれば、今後の参考にすることもできます。そこで買ってもらえれば実績になります。一番難しい「ゼロからイチ」をクリアすれば、そこから積み重ね、広げていくことができます。すべてはそこからスタートです。ゼロとイチでは大違い。起業時の時間の余裕がある時に、どれだけ気軽に会いに行けるお客様、直接声をかけられるお客様と出会い、よい関係を築けるか。それがビジネスの将来を決めます。

距離を縮めることが近道

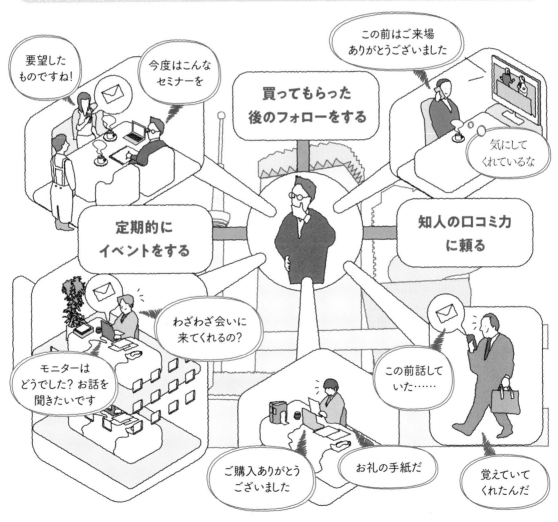

08 効率は度外視して たった一件に手間ひまを

最初から効率を求めていては動けなくなってしまいます。考え、動いて、トライ＆エラーの中から学んでいく。「急がば動け、失敗しろ」の精神がポイントです。

起業したての頃は自分だけ、もしくは少人数でビジネスを回しています。人員的にも金銭的にも余裕がないような気がして、ついつい効率を考えてしまいがちです。けれど実際は、お客様が少ないために時間的余裕があることが多く、また決まったやり方が確立していないため、色々なことを試せる時期でもあります。最初は効率の悪いもの、効率とは後からついてくるものと割り切り、最初は採算を度外視したモニター企画で広く意見を吸い上げたり、経費と時間をかけても交流や勉強のために人に会いに行ったりして、たった一人の集客に集中しましょう。

口コミの力は偉大

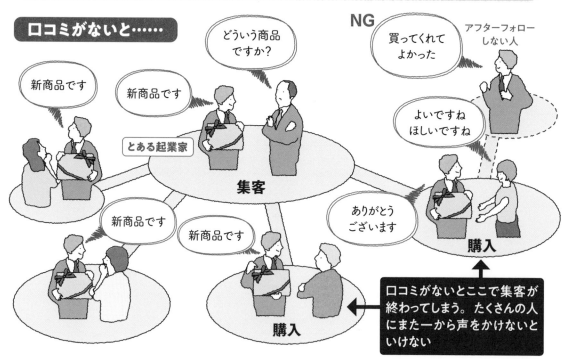

コストと売上は比例して変化するものではありません。最初はコストをかけても売上は伸びないけれど、はじめの一件の集客に成功した時点から、徐々に集客・売上の伸びがはじまります。あなたが他の誰かに集客している時に、そのたった一人のお客様がまた他のお客様に**口コミや紹介**をしてくれて、集客の輪が広がっていくからです。あなたが真心を込めて接客したお客様は、きっと他の方にもすすめたいと思ってくれるはずです。口コミ・紹介の力は大きいのです。やがて、コストも下がっていくことでしょう。スタート時にはコストに一喜一憂せず、よいものを提供することに集中すること。商品やサービスが受け入れられた結果としてコストが下がるのです。はじめは、手間というコストを惜しまないことが成功のコツです。

口コミがあると……

新商品です

ほしかったんです

集客&購入

One point

最初の一人を獲得するまでは効率を度外視して集客してよい。半日電話しても、交通費がかかっても、たった1件があなたの自信につながる。

ありがとうございます

Aさんにすすめてもらって……

興味を持ったんです

また友だちにもすすめますね

口コミ&紹介

ここでしっかりフォローするとよいでしょう

この前の商品使ってみてどうでした?ご意見を……

集客&購入

起業家　Aさん　Bさん

口コミ

口コミで他の誰かに紹介してもらえれば、その誰かへの集客コストは0円ということ。たった一人でも口コミで広げてくれれば成功といってよい。

09 集客後の共感が次の集客につながる

広がりやつながりを作ることで、価値を感じて共感してくれるお客様が増えます。売って終わり、人を集めて終わりではなく、そこからどう発展させるかを考えましょう。

人気歌手のライブチケットが「発売5分で売り切れました」などと聞くと、好き嫌いは別としてもその歌手の人気ぶりは実感させられます。「3か月先まで予約が取れないイタリアン」といわれれば、興味を持つ人も多いでしょう。売り切れたことを告知することで、そのものの価値が広まるということです。しかもたくさんの人がお金を払っているということで、そこにお金を払うお墨つきがもらえたと感じる人は多いもの。多くの人は「たくさんの人が買っている」から自分もほしくなります。完売、大好評といったPRは、ぜひ積極的に行いましょう。

共感の輪を広げる

開催前

盛況ぶりを撮っておこう

開催後

これを次の集客につなげよう

満席や完売になった時が第一のチャンス。「満員になりました」「半年先まで予約がいっぱいです」と告知しよう。

次の一手

売れ行きがよかった時、安心して次の集客を怠ると、また次の集客を一から行うことになってしまう。

NG!

次は行こう

好評なんだな

次の集客につながる

このイベントは成功した。もう安心だ

安心してもう集客しない人

124

自分の商品が本当に売り切れた時。それは多くの人に受け入れられ、喜ばれた時です。それを素直に伝えることは、自分にとっても、潜在的なお客様にとってもうれしいことでしょう。また、**満足度**の高い仲間が多くいるということは、人にとって安心感のあるよりどころとなります。情報が多く選択に迷う現代において、それは貴重なことです。お客様がこのイベントに参加してよかったなあ、この商品を買ってよかったなと思っていることを肌で感じていたら、ぜひ、「他の方にもおすすめしてください」と素直に伝えてみましょう。売上を上げるためにそういっているのではなく、まだ知らない人によいものを知らせてあげたいという気持ちがお客様に伝わることでしょう。**共感**や満足感は次々と伝播していくものです。

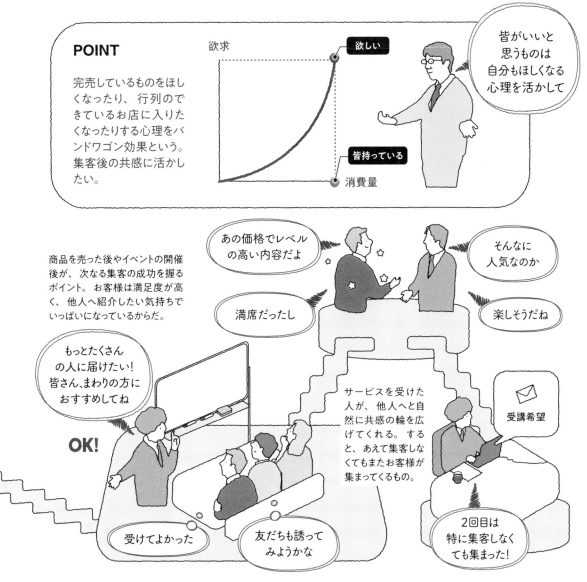

POINT

完売しているものをほしくなったり、行列のできているお店に入りたくなったりする心理をバンドワゴン効果という。集客後の共感に活かしたい。

欲求

欲しい

皆持っている

消費量

皆がいいと思うものは自分もほしくなる心理を活かして

商品を売った後やイベントの開催後が、次なる集客の成功を握るポイント。お客様は満足度が高く、他人へ紹介したい気持ちでいっぱいになっているからだ。

あの価格でレベルの高い内容だよ

そんなに人気なのか

満席だったし

楽しそうだね

もっとたくさんの人に届けたい！皆さん、まわりの方におすすめしてね

OK!

サービスを受けた人が、他人へと自然に共感の輪を広げてくれる。すると、あえて集客しなくてもまたお客様が集まってくるもの。

受講希望

受けてよかった

友だちも誘ってみようかな

2回目は特に集客しなくても集まった！

10 集客しても「反応がない」とがっかりする前に

結果はすぐには出ない。それが当たり前だと心得ましょう。働きかけと結果のバランスを理解し、適正な努力と必要な改善をすることがよい結果につながります。

これだけの働きかけをしたら、これだけの成果が出る。その数字を**反応率**といいます。起業で失敗する人のほとんどが、この反応率を高く見積もっています。つまり広告を出した成果が自分の見積もりより低くてがっかりしてしまうということ。「SNSで告知しても閲覧だけされて反応がない」「サンプルだけ請求されて売上につながらない」。そもそもそういうものなのです。行動に対して無駄だったと考えるのではなく、反応率はこの程度だから、どれくらいの数量で告知すればよいか。そのためのデータが取れたと考えて次に進みましょう。

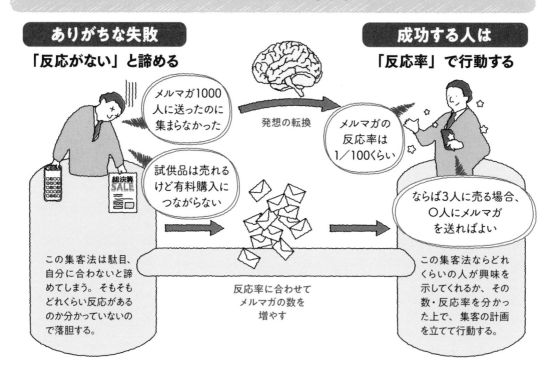

一方、成果を上げている人は、実は行動量もかけるコストも多いものです。なぜなら、反応率を正しく把握し、望む成果に対して、どのくらいの行動が必要かを逆算して割り出しているからです。そして、必要な数量だけ行動します。例えば、成功している人たちがどれくらいの人たちにメルマガを送っているか、聞いてみましょう。もしかしたら、あなたは方法だけを真似しているのかもしれません。どれくらいの数をこなすものなのかがあらかじめ分かっていると、たとえその数が多くても闇雲に動くよりも気持ちは楽になるはずです。ただし、あなたが類似のサービスや、同じように働きかけている人たちと比べて、同じくらい告知しているのにもかかわらず、あまりに反応率が低いようであれば、サービスの内容や働きかけの方法を見直すことも必要です。

反応率を把握して見込み客数を逆算

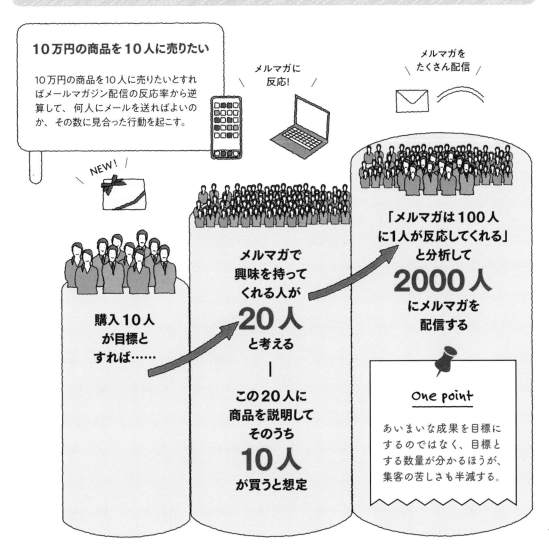

10万円の商品を10人に売りたい

10万円の商品を10人に売りたいとすればメールマガジン配信の反応率から逆算して、何人にメールを送ればよいのか、その数に見合った行動を起こす。

メルマガに反応!

メルマガをたくさん配信

NEW!

購入10人が目標とすれば……

メルマガで興味を持ってくれる人が**20人**と考える

ー

この20人に商品を説明してそのうち**10人**が買うと想定

「メルマガは100人に1人が反応してくれる」と分析して**2000人**にメルマガを配信する

One point

あいまいな成果を目標にするのではなく、目標とする数量が分かるほうが、集客の苦しさも半減する。

いつの時代もどの集客ツールでも人間心理は変わらない

インターネットや SNS の影響でマーケティングや購買行動が変わっても、人の本質はそうそう変わりません。ビジネス原理のおおもとは一度学べば様々に応用できます。

第三次産業革命といわれるコンピュータやインターネットの普及によって、人々の行動は大きく変わりました。小規模ビジネスにおいても、提供する商品の内容から提供方法、受け手の意識や行動も大きく変わり、その変化は今も続いています。けれども、人が製品やサービスにお金を払う時の心理の原理は変わっていません。1920 年代に提唱された「**AIDA（アイダ）**」という消費者の心理プロセスモデルは今でも使えるものです。AIDA とは「Attention(注意)」→「Interest(関心)」→「Desire（欲求）」→「Action（行動)」の頭文字です。

買う人の心理を知っておく

消費者はまだ商品・サービスのことを知らないので、注意を向かせることが第一段階。露出を増やして、認知させることが重要だ。

消費者に商品・サービスを認知させたら、「気になる」と思わせることが第二段階。ニーズを喚起させる情報を提供する。

お客様にアピールするためには、まず注意を引くこと。宣伝ではまず目を引かなければ、多くの広告や動画に埋もれてしまい、そもそも見てもらえません。注意の次には関心を持ってもらうこと。その関心が「ほしい」になることが第一歩です。ここからさらに「お金を払う」という行動までつながれば、宣伝の成果ということになります。AIDA は提唱されてから 100 年近く経っていますが、今も集客に有効です。あなたの集客ツールがインターネットの媒体になっても応用できます。なぜなら、広告を見る人も買う人も人間だからです。人間の心理は時代が変わっても、主なメディアが変わっても、同じだからです。AIDA はこの先もずっと使える理論でしょう。とてもシンプルな考え方なので、ぜひ念頭に置いて集客してみましょう。

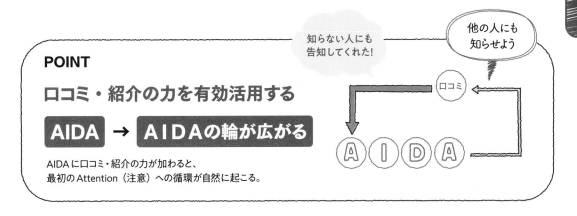

POINT

口コミ・紹介の力を有効活用する

AIDA → **AIDAの輪が広がる**

AIDA に口コミ・紹介の力が加わると、
最初の Attention（注意）への循環が自然に起こる。

知らない人にも告知してくれた！

他の人にも知らせよう

口コミ

Ⓐ Ⓘ Ⓓ Ⓐ

「気になる」から「ほしい」と思わせるのが第三段階。欲望をうまく刺激できるように、詳細な情報やモニターの声を届ける。

自分に必要と思った消費者は、購入という行動に移る。消費者がすんなり行動できるような体制作りで、最後の一押しだ。

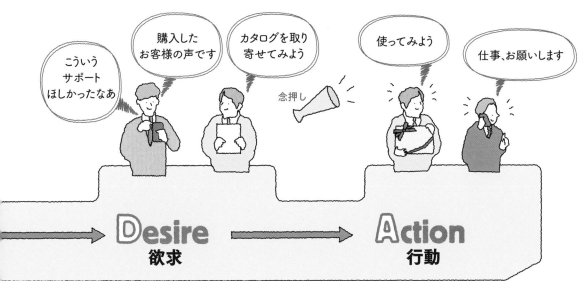

こういうサポートほしかったなあ

購入したお客様の声です

カタログを取り寄せてみよう

念押し

使ってみよう

仕事、お願いします

Desire 欲求 → **Action** 行動

12 お客様の話を聞くだけで「買いたい」につながる

相手の話をちゃんと聞くこと。意外とできていないものです。「聞き上手」になって、お客様の「買いたい気持ち」をしっかりつかみましょう。

あなたは自分のサービス・商品を誰かにすすめる際に、ただ売ろう、売りたい、売らなきゃという気持ちだけで売っていませんか？　ビジネスは売上を上げるのだから当たり前と思うかもしれませんが、意外な落とし穴が「お客様の話をまったく聞いていない」ということです。相手の求めているもの、お客様の今後の展望などを知ることは、どのジャンルのビジネスでも基本中の基本。まずは、売ろうとしてビジネスの説明に専念することよりも、お客様のことを聞くために会話を重ねてみましょう。**信頼関係**を築くことが結果的に売上につながります。

「買いたい」という欲求を知っておこう

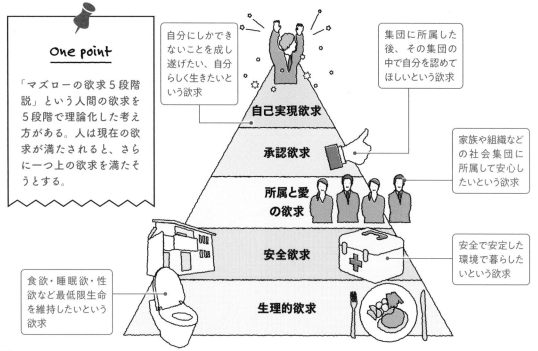

One point

「マズローの欲求5段階説」という人間の欲求を5段階で理論化した考え方がある。人は現在の欲求が満たされると、さらに一つ上の欲求を満たそうとする。

自分にしかできないことを成し遂げたい、自分らしく生きたいという欲求

集団に所属した後、その集団の中で自分を認めてほしいという欲求

自己実現欲求

承認欲求

家族や組織などの社会集団に所属して安心したいという欲求

所属と愛の欲求

安全欲求

安全で安定した環境で暮らしたいという欲求

食欲・睡眠欲・性欲など最低限生命を維持したいという欲求

生理的欲求

相手の考え方や経験、悩みを学びたいという姿勢で、聞き役に徹しましょう。「今はどんなお仕事をしているのですか？」からはじまって、「これからどんなビジネスをお考えですか？」「どんなことにお悩みですか」「一番の望みは何ですか？」「興味があるお話なのでもっと聞かせてください」「なぜそのお考えになったのですか？」とどんどん深掘りしてみるのです。相手は、自分に興味を持って真剣に話を聞いてくれるあなたに信頼感を抱き、抱えている課題や悩みを話してくれるでしょう。その中に、あなたが解決できることがあったらビジネスチャンス到来です。お困りごとや未来への展望をサポートするという姿勢で提案してみましょう。受け入れられるかどうかは気にしないこと。臆せずトライすることが大切です。

聞くだけで買ってもらえる関係に

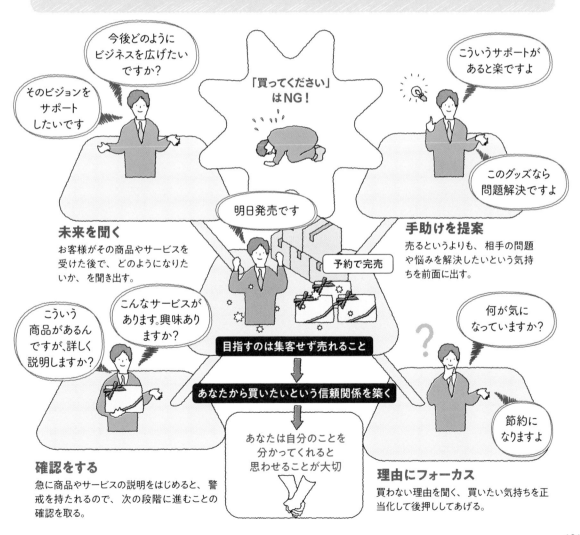

未来を聞く
お客様がその商品やサービスを受けた後で、どのようになりたいか、を聞き出す。

手助けを提案
売るというよりも、相手の問題や悩みを解決したいという気持ちを前面に出す。

確認をする
急に商品やサービスの説明をはじめると、警戒を持たれるので、次の段階に進むことの確認を取る。

理由にフォーカス
買わない理由を聞く、買いたい気持ちを正当化して後押ししてあげる。

13 深刻に考えすぎず プロセスを楽しもう

失敗を恐れるあまり、ビジネスを深刻にとらえすぎるケースは誰にでもあります。そんな時は初心に戻り、肩の力を抜いて、あの"ワクワクした気持ち"に立ち返りましょう。

集客の最終目標、つまりゴールはいったいどこにあるのでしょうか？　一般的な回答は、当然ながら"つねに満員であること"や"売り切れになること"。たしかにこれ以上に素晴らしい結論はないように思われがちです。しかしある程度事業を継続していくと、多くの人が疑問を抱き、壁にぶち当たります。「本当にそれでよいのだろうか？」と。"満員"や"売り切れ"など利益の安定は重要な課題であり、大きな目標であることに間違いありません。しかしながらそれを追求するあまり、いつしか肩に力が入り、方向性を見失ってしまいがちです。

経営者のメンタルが売上を止める？

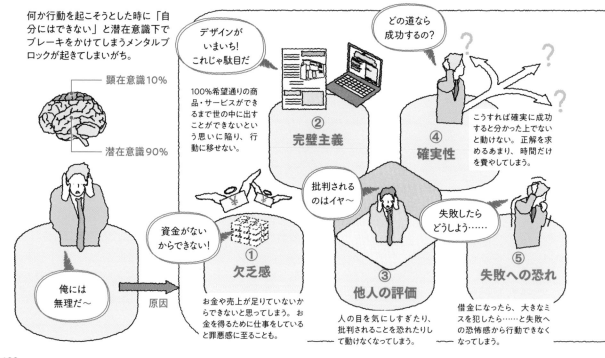

何か行動を起こそうとした時に「自分にはできない」と潜在意識下でブレーキをかけてしまうメンタルブロックが起きてしまいがち。

顕在意識10%

潜在意識90%

俺には無理だ〜

原因

資金がないからできない！

① 欠乏感
お金や売上が足りていないからできないと思ってしまう。お金を得るために仕事をしていると罪悪感に至ることも。

デザインがいまいち！これじゃ駄目だ

② 完璧主義
100%希望通りの商品・サービスができるまで世の中に出すことができないという思いに陥り、行動に移せない。

批判されるのはイヤ〜

③ 他人の評価
人の目を気にしすぎたり、批判されることを恐れたりして動けなくなってしまう。

どの道なら成功するの？

④ 確実性
こうすれば確実に成功すると分かった上でないと動けない。正解を求めるあまり、時間だけを費やしてしまう。

失敗したらどうしよう……

⑤ 失敗への恐れ
借金になったら、大きなミスを犯したら……と失敗への恐怖感から行動できなくなってしまう。

ビジネスである程度結果を出せるようになっても、知らないうちに「今日は失敗しないだろうか？」「お客様に迷惑をかけないだろうか？」「クレームがこないだろうか？」など疑心暗鬼に陥り、継続が苦痛になることがあります。そんな時に思い出してほしいのが、スタート当初の"ワクワク・ドキドキ"した気持ち、**初心**です。ビジネスで成功するためには失敗を恐れず、むしろ"うまくいかないことを楽しむ"ことこそ最大の原動力なのです。もちろん「今度こそ終わりだ……」といった局面を迎えることもあるでしょうが、失敗から新たな方法を模索し、切り抜けてこそ次の楽しみややりがいが見出せます。つまり「失敗こそ成功のチャンス」。ポジティブにとらえられるようになったなら、危機的な状況も怖くなくなります。

14 広告費をかけなくても集客は成功する

広告を出すのは売れると分かってから。情報発信の方法は色々あります。コストがかかる広告は漠然と出すのではなく、費用対効果が見えてからにしましょう。

広告を出すのは自分の商品を売るためです。とはいえ、全然売れないから広告を出すというのは間違いです。広告は売れないものを売れるようにはしません。本来なら売れるものが世の中に届いていないという時に、広く情報発信するために使うものです。つまり、広告を出すことでどのくらいの人にアピールできて、そのうちの何割くらいの人が実際にお金を払ってくれるのか。その費用対効果の計算がしっかりできた時に活用しましょう。広告はギャンブルではありません。広告を出して売れるかどうか分からない時は別の手段を考えましょう。

広告費を使わなくても信頼は築ける

ポイントは二つ
信頼関係を築くためにお客様に「与える」ものは、専門的な知識と親近感の感じられる情報、この二つ。あなた自身を身近に感じてもらうことが大切。

今は個人が自らアピールする方法が豊富にあります。広告は出さなくても、**SNS**で情報発信しただけでイベントを満員にしたり、商品が売り切れになったりする人がいくらでもいます。その人たちに共通しているのは、売るためのSNSではなく、情報発信のためのツールとしてとらえているということです。ビジネスをはじめるのなら、無料で使えるSNSは種極的にどんどん活用しましょう。告知がある時だけでなく、普段からプライベートなことも含めて発信し、親近感を持ってもらいます。そしてSNSで見込み客の反応を見ながら、求められる商品や告知メッセージを探っていきます。すべてのSNSを試す必要もありません。普段からあなたが使っているツールで構いません。広告を出すのはそれからです。

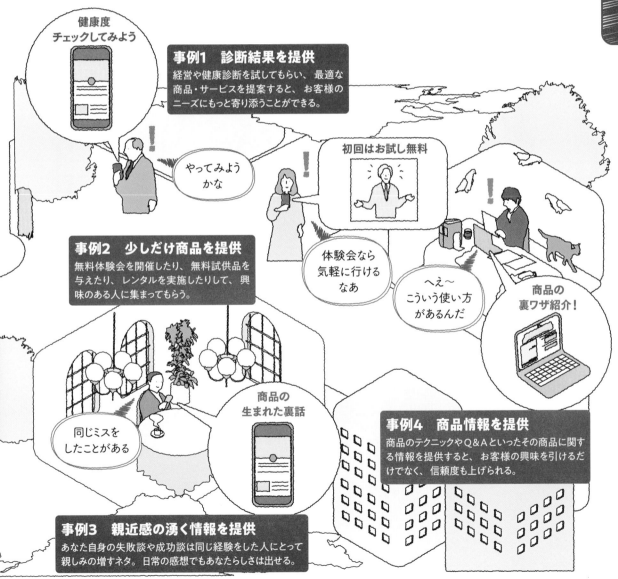

健康度
チェックしてみよう

事例1　診断結果を提供
経営や健康診断を試してもらい、最適な商品・サービスを提案すると、お客様のニーズにもっと寄り添うことができる。

やってみようかな

初回はお試し無料

事例2　少しだけ商品を提供
無料体験会を開催したり、無料試供品を与えたり、レンタルを実施したりして、興味のある人に集まってもらう。

体験会なら気軽に行けるなあ

へえ〜
こういう使い方があるんだ

商品の裏ワザ紹介！

同じミスをしたことがある

商品の生まれた裏話

事例4　商品情報を提供
商品のテクニックやQ&Aといったその商品に関する情報を提供すると、お客様の興味を引けるだけでなく、信頼度も上げられる。

事例3　親近感の湧く情報を提供
あなた自身の失敗談や成功談は同じ経験をした人にとって親しみの増すネタ。日常の感想でもあなたらしさは出せる。

15 告知は見られないものとあらかじめ心得ておく

告知に対する「発している側」と「受け取る側」の意識は大違い。告知だけで届くと思わず、告知はきっかけや働きかけ方の参考くらいに考えて、活かしていきましょう。

一生懸命**告知**をしたのに、「問い合わせがなかった」「売れなかった」などと反応がほとんどなかった……。そんな時「この商品にはニーズがない」「このサービスは必要とされていない」と思いがちです。しかし、告知の結果だけで商品の価値を測るのは早計です。その場合、何人かの人に直接商品やサービスを案内して感想を聞いてみてください。10人以上に聞いて全員が商品に魅力がないというのであれば、確かに商品の問題です。けれど「よいと思う」「ここがこうだったらほしい」などという意見があれば、改善の余地は十分にあります。

広告は最後に威力を発揮するツール

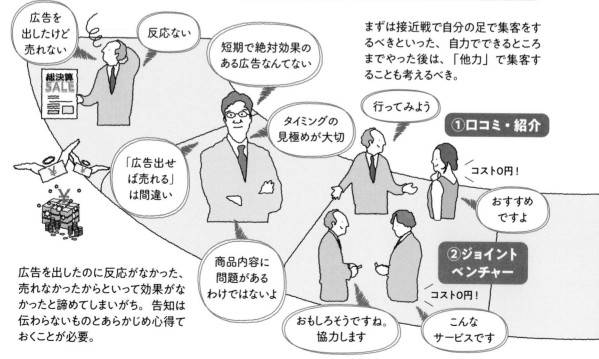

まずは接近戦で自分の足で集客をするべきといった、自力でできるところまでやった後は、「他力」で集客することも考えるべき。

広告を出したけど売れない

反応ない

短期で絶対効果のある広告なんてない

「広告出せば売れる」は間違い

タイミングの見極めが大切

行ってみよう

①口コミ・紹介

コスト0円！

おすすめですよ

②ジョイントベンチャー

コスト0円！

広告を出したのに反応がなかった、売れなかったからといって効果がなかったと諦めてしまいがち。告知は伝わらないものとあらかじめ心得ておくことが必要。

商品内容に問題があるわけではないよ

おもしろそうですね。協力します

こんなサービスです

では、なぜ告知には反応がなかったのか。多くの場合、それは告知が見られなかったからです。たいていの人は広告や告知をしっかりと見ていません。あなた自身も買おうと思っていない商品の広告を真剣に眺めることはあるでしょうか。そもそも、ＳＮＳやメルマガで送ったメッセージは見られていないもの、とあらかじめ心得ておくほうが無難です。ですので、反応がなかったからと諦めて、別の商品に切り替える必要はありません。発信する人数を決めて、ちゃんと反応を確かめてみましょう。発信したら終わり、ではなく、しっかりと相手の反応を受け止めましょう。最初から効果のある方法なんてないものです。よい方法を探すのではなく、できることはすべてやってみる。するとあなたにとって効果のある方法が見つかるものです。

広告は最後に

広告のメリットは大勢の人に見てもらえること。自分一人では限界のある告知も、お金を出せば、何万人もの人に一度に見てもらえる。うまく活かしたいところだ。

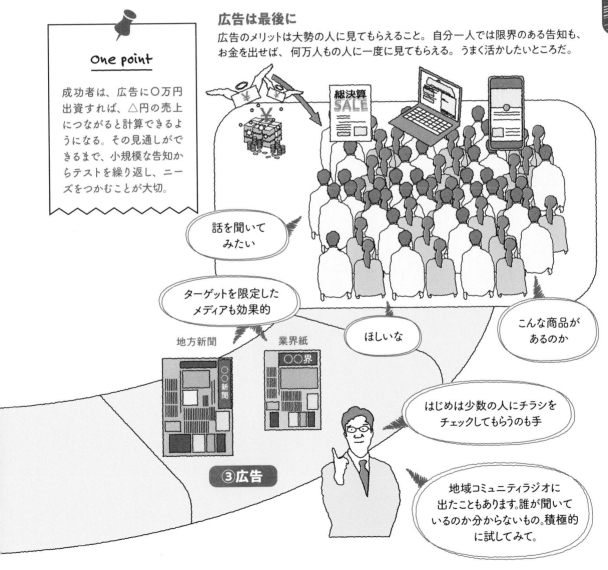

One point

成功者は、広告に〇万円出資すれば、△円の売上につながると計算できるようになる。その見通しができるまで、小規模な告知からテストを繰り返し、ニーズをつかむことが大切。

話を聞いてみたい

ターゲットを限定したメディアも効果的

地方新聞　業界紙

ほしいな

こんな商品があるのか

③広告

はじめは少数の人にチラシをチェックしてもらうのも手

地域コミュニティラジオに出たこともあります。誰が聞いているのか分からないもの。積極的に試してみて。

137

16 キャッチコピーは お客様の目を引くために

宣伝はお客様の背中を押してあげるためのもの。そして宣伝文句は想定の半分ほどしか伝わらないのです。2倍大げさに伝えて普通に伝わると考えましょう。

世の中には「え？」と思うような**キャッチコピー（宣伝文句）**があふれています。「10万円の商品が10円で買える」といわれれば「嘘でしょ」と思いながらも、思わず見てしまう人が多いでしょう。たとえ「数量限定」という文句で3つだけしか売られていなくても、コピーが嘘だったことにはなりません。「やっぱりね」と思っても、たいていの人は怒りません。「10円で買うために並ぼう」という人だけでなく、その商品に興味を持って結局は10万円でも購入を検討する人、そのお店に行ってみようという人も出てくるでしょう。それで広告としては大成功です。

効果的なキャッチコピーでお客様の背中を押す

膨大な情報の中から届けたい情報に目を留めてもらうためには、相手の心に訴えかけるコピーが必要です。正確な情報は本文で書けばいいので、注意を引くことに集中しましょう。自分のサービス・商品を「すごいものなんですよ」と大々的にPRすることを苦手とする人も多いですが、ちゃんと言葉にして形にして伝えないと、そもそも見てもらえないものです。お客様も話半分に聞いていると割り切って大丈夫です。また、「どれにしようかな」と迷っている人にだけでなく、「買おうかどうしようか」という人に、よい商品を提案したり、買うべき理由を提示したりするのもコピーの役割です。買わせるのではなく、お客様にとって有益なオファーをしてあげると考えてみてください。

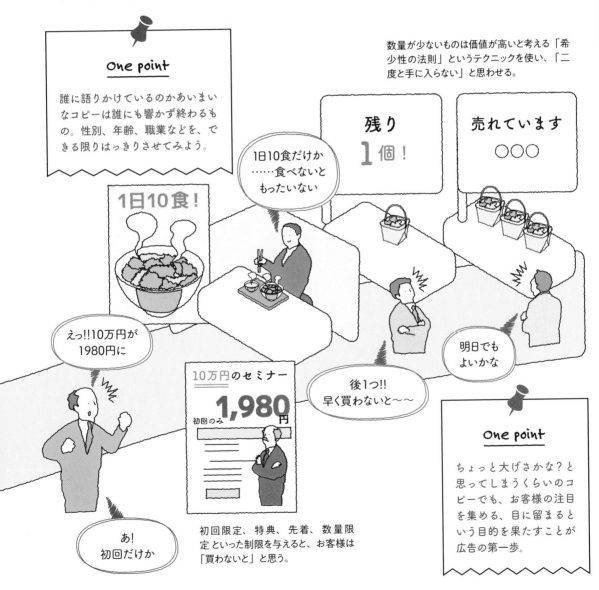

One point

誰に語りかけているのかあいまいなコピーは誰にも響かず終わるもの。性別、年齢、職業などを、できる限りはっきりさせてみよう。

数量が少ないものは価値が高いと考える「希少性の法則」というテクニックを使い、「二度と手に入らない」と思わせる。

1日10食だけか……食べないともったいない

残り1個！

売れています○○○

1日10食！

えっ!!10万円が1980円に

10万円のセミナー
初回のみ **1,980** 円

後1つ!!早く買わないと〜〜

明日でもよいかな

あ！初回だけか

初回限定、特典、先着、数量限定といった制限を与えると、お客様は「買わないと」と思う。

One point

ちょっと大げさかな？と思ってしまうくらいのコピーでも、お客様の注目を集める、目に留まるという目的を果たすことが広告の第一歩。

歴史上に名を残した人々の起業を知る

ベンチャー三銃士

孫正義（そん まさよし）

ソフトバンクグループの創業者

1957年佐賀県に生まれ、大学在籍中に発明した自動翻訳機をシャープに売り込み、1億円を手にしてソフトウエア会社を創立。81年に、日本ソフトバンク（現・ソフトバンクグループ）、96年にはヤフー（現・Zホールディングス）を設立した。2021年に『フォーブス』が発表した「日本長者番付」では1位に輝き、資産額は4兆円を超えるとされる。

▼

信頼関係を築いてからの交渉術

孫氏はボーダフォン買収やiPhoneの日本初販売などを経て、事業を大きく成長させた。生家に近い筑後川の川魚漁師「鯉とりまーしゃん」にちなんだ交渉術は有名だ。自然と交渉相手が寄り添ってくるような状態を作り出し、マイクロソフトの創業者ビル・ゲイツ氏や、Yahoo!の創業者ジェリー・ヤン氏を説得したという。

南部靖之（なんぶ やすゆき）

人材派遣の草分け的存在・パソナを創業

1952年兵庫県に生まれた南部氏は、自身の就職活動中に人材派遣のビジネスを思いついたという。1976年、大学卒業を目前に10坪のビルの一室を借り、たった4人で人材派遣会社を創業（93年にパソナへ名称変更）。時代はオイルショックの打撃で、各社とも経営縮小を余儀なくされ、派遣ビジネスは大当たり。急速に成長した。

▼

座右の銘は「迷ったらやる」

ポリシーとする「迷ったらやる」は、敬愛する吉田松陰の「知行合一」から取ったもので、これが起業のきっかけになったと語る。知識を蓄えたり考えていたりするだけでは意味がない。必ず行動する。そうして「必要な時に必要な人材を雇えたら、企業も働きたい人も喜ぶのではないか」という思いから行動を起こすという。

澤田秀雄（さわだ ひでお）

旅行代理店大手のH.I.Sを創業

1951年大阪府に生まれ、高校卒業後に旧西ドイツへ留学し、帰国後の1980年に、机と電話1本しかない一室で旅行会社インターナショナルツアーズ（現・エイチ・アイ・エス）を設立。当時の日本では一般的ではなかった格安航空券を中心とした航空券とホテルのパッケージ旅行の販売を手がけ、事業を拡大・成功させた。

▼

失敗は成功につながる

創業から半年はほぼお客様もいなかったという。ただ、時代のニーズがあるはずと信じ、続けると、やがて口コミでお客様が増加。「石の上にも3年」と必死で頑張ってみる。それでも展望が開けないならビジネスを見直す必要があるが、いつか成功するという強い志を持っていれば、失敗から成功を学び取れると語っている。

（文責：GB編集部）

Chapter

6

KIGYOU marketing
mirudake note

起業後も成長するための
成功マインド

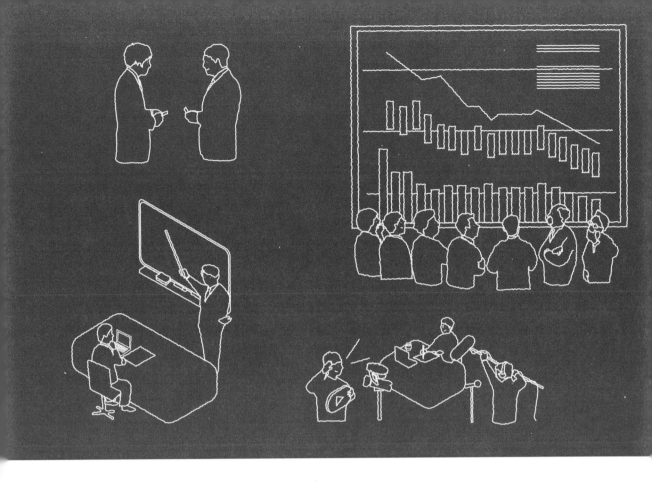

次は起業後にビジネスを育てていくためのアドバイスです。 はじめか
らうまくいく人はいないと分かっていても、 落ち込むことはあるでしょ
う。 そんな時はこの章を読み返してみてください。

01 失敗の数をあえて 目標にしてみると……

「失敗は成功のもと」とはよくいったもの。名だたる成功者も、実は数え切れないほどの失敗を繰り返し、それを糧に成功への道を切り開いたのです。

誰しも好んで失敗をしたいわけではありません。むしろ避けて通りたいものです。しかしビジネスではその失敗を乗り越え、挑戦し続ける人が成功者となるのです。もちろん容易なことではありません。在庫を抱えてしまったり、集客ができずに赤字になってしまったり、ミスで顧客を失ったり……など、普通ならめげて諦めてしまう状況でも、成功者は何度でも立ち上がり、前に進もうと努力します。だからといって、彼らが普通以上にメンタルが強いわけではありません。彼らの強さは、ずばり「ものの見方を変える」ことにあるのです。

失敗を数えると落ち込まずに済む

「ものの見方を変える」ことの一つに、「客観的に自分を見られる」という要素があります。これは目の前で起こっていることを一歩引いて、「ほぅ、困ったことになったな」「面白いことになってきたな」と、まるで他人事のようにとらえるというユニークな考え方。そして彼らのように客観視する能力を身につけるためにおすすめなのが、"**失敗の数**"を数えることです。成功者の多くは100回失敗しても諦めず、挑戦し続けて成功を手にした人も少なくありません。ですから弱気になった時は、まず失敗した回数を確認してください。するといつの間にか「なんだ、まだ4回しか失敗してないや」と客観的に見ている自分に気づき、冷静に失敗を乗り越えることができるのです。

One point

歴史に名を残す偉人も数多くの失敗をした。ケンタッキー創業者のカーネル・サンダースはレストランにレシピを売り込み、1009回も断られたという。

最初5回で落ち込んでいたのがウソみたい

すごい！ぜひ詳しく話を聞かせて

だんだんおもしろくなってきた

むしろ失敗100回を目指してみよう

失敗100回

まだまだ手はありそう

頑張るね！また応援するよ

失敗80回

数えてみたら、たった5回だった

失敗30回

友人

発想を転換！

1 客観的に自分を見る
2 失敗の数を計算

これならできそうだ

One point

発明家エジソンの名言にこのようなものがある。「私は失敗したことがない。ただ、1万通りの、うまくいかない方法を見つけただけだ」

失敗5回

少しずつやってみよう

02 行動量、実践回数を調べて真似してみる

ビジネスのために「どんなことをしたか」だけでなく、大切なのは「それをどれくらいやったか」。行動する量、実践する回数が多ければ多いほど、成功につながります。

成功する人、しない人では、どんな違いがあるのでしょうか。実は、多くの起業家は同じことを実践しています。例えば、集客であればチラシ、ホームページ、メルマガ、SNS、動画などのツールを活用してサービスや商品の告知をしているのです。では、なぜ成功する人としない人の差が生まれるかというと、それは、**行動量**の違いにあります。うまくいっていない人は、チラシを配布する枚数が少なかったり、ホームページを作っても拡散を怠っていたり、SNSへの登録者が少なかったりと、ツールを存分に活用していないことがよくあります。

「どうせ無理」から抜け出すコツ

ある成功者の話を聞いたり、前にも試した起業方法をすすめられたりしても、「あの人だからできた」「自分にはできない」と考えてしまう。

セミナーでもよいので、たくさんの知人に成功例を聞く。とにかくたくさん詳しく成功実例を聞くと、「これなら自分もできるかも」と思えてくる。

「自分には無理」から脱却

カリスマ起業家

人脈や集客

同じことしたのにできなかった。自分には無理……

ここを工夫したら変わったよ

私はこうしたよ

それに対して、成功している人は、チラシを徹底的に配布したり、ホームページやSNSを毎日更新したり、名刺交換した人にまめに連絡したりと、行動量や**実践回数**が圧倒的に多いもの。うまくいかないと「やり方が間違っているのか？」と思うこともありますが、多くの場合、やり方は間違っていません。やる量が足りていないだけ。身近に成功者がいたら「何をやって成果を出したか」だけでなく「どれくらいやったか」を聞いてみましょう。成功を収めたある起業家は、知り合った人とのSNSのやり取りや記事投稿といった地道な作業を1日に6時間、半年間も続けたそうです。成功者の行動量を参考に、自分にもできると思ったら、とにかく真似してみること。成果が出るか出ないかは、やってみてから判断しても遅くはありません。

One point

一度起業してみて失敗した人はまた努力しても何も変わらないと思ってしまいがち。すると、自分にはできない、無理だと気力が湧かなくなってしまう。

諦めなくてよかった

失敗を克服

「自分に原因」ではなく、やり方と作業量を見直す

あと●日だけ試してみよう

やり方や自分が悪いのではなく、ちょっとした工夫をしたり、前よりも多く行動しただけで成功すれば、自分の努力次第で未来を変えられると自信がつく。

アプローチする人を増やしてみよう

事業を成功させた人は、どれくらい行動したかを聞くのもポイント。実は「何をどれくらいしたのか」聞くと、自分はそれほど実行していなかったことに気づく。

えっ！ 1日に1000人も声をかけたんですか

！ ポイントは「成功した人」の体験談を直接聞いて活かすこと。

03 頭がモヤモヤしはじめた時こそ答えが出る

混乱は頭に必要な情報が入っている証です。よい方向に向かって進んでいると考えてOK。もし落ち込んだ時には、初心に戻って"意義"を思い出してみましょう。

人は何かをはじめる時、一気にたくさんの情報を頭に詰め込みがち。その結果、頭が空回りし、前に進めなくなるという**ジレンマ**に陥ることが多いのです。中には自分を責めて落ち込んだり、嫌気が差したりして諦めてしまうケースも少なくありません。しかし、新しいことをスタートさせる時、誰しも脳に負担をかけずに何かを生み出すことはできないのです。むしろ、「混乱状態」や「堂々巡り」は必要不可欠。必要な情報がしっかり頭の中に入っている証拠です。大切なのは、この状況を自分でしっかりと認識することです。

堂々巡りから脱却する

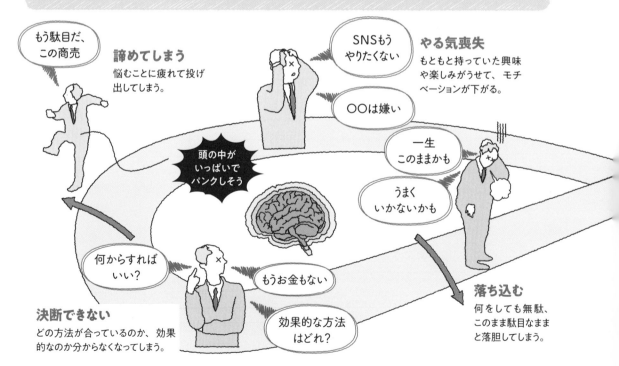

もう駄目だ、この商売

諦めてしまう
悩むことに疲れて投げ出してしまう。

SNSもうやりたくない

やる気喪失
もともと持っていた興味や楽しみがうせて、モチベーションが下がる。

○○は嫌い

一生このままかも

うまくいかないかも

頭の中がいっぱいでパンクしそう

何からすればいい？

もうお金もない

落ち込む
何をしても無駄、このまま駄目なままと落胆してしまう。

決断できない
どの方法が合っているのか、効果的なのか分からなくなってしまう。

効果的な方法はどれ？

頭が混乱し、考えてもなかなか結論が出ないと、ほとんどの人は「もうここから抜け出せないのでは？」「商売を続けられないのでは……」といった不安に駆られます。実はここが成功するか否かの分岐点なのです。日々の集客や事務作業に追われ、余裕がなくなってくると新たな挑戦や未来に目を向ける気持ちが薄れ、やる気が失われてしまいます。ところが、ふと立ち止まって「どうしてこの仕事をやりたいと思ったか？」「どのようなビジョンがあったのか？」など、仕事をはじめた意義、**初心**を思い出せば、不思議と意欲が湧いてくるもの。「病気を克服した健康法を教えてあげたい」「このシステムで仕事の効率がアップ！ 大勢の人に使ってほしい」など、実際に経験したからこそ伝えたい思いを、つねに忘れないようにしましょう。

04 完璧主義から卒業しよう 自分なりの及第点で

100点満点や完璧を求めると、失敗した時の失望感は大きくなります。たとえ思ったように事が運ばなくても、立ち止まらず、やれることから一つずつ行動してみましょう。

意気揚々と新商品のセールスをしたら、よい反応が得られなかったため、「この商品は売れない」と判断することがよくあります。ビジネスの経験が浅ければ、よい反応を示さなかったのが一人か二人でもマイナスの結論を導き出すかもしれません。では、ある書籍が100万部売れたとします。もちろん日本の人口から考えたら文句なしのベストセラー。しかし実際には100人に1人、たった1％の人しか買っていないことになります。集客の仕組みとは、このたった1％に売れることで採算が取れるかどうかなのです。

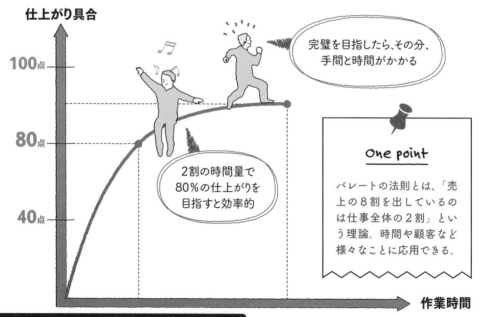

完璧主義さんは非効率

仕上がり具合

完璧を目指したら、その分、手間と時間がかかる

2割の時間量で80％の仕上がりを目指すと効率的

one point

パレートの法則とは、「売上の8割を出しているのは仕事全体の2割」という理論。時間や顧客など様々なことに応用できる。

作業時間

パレートの法則を活用して効率アップ

150

どんなに優れた商品でも、100％の人が買うものなど滅多にありません。つまり最初から商品を買ってくれる人は１％だと思っていれば、必要以上に気を張る必要はないし、落ち込む必要もありません。成功者の多くは、リターンは１％だと思って行動します。例えば10個の投資のうち９個が失敗でも、残りの１個が大きくリターンを生み出せばよいのです。そのためには多くのチャレンジが必要です。そして、そのほとんどが失敗に終わるでしょう。しかしそれを恐れずにチャレンジを続けて勝ち取った成功は、多くの失敗をカバーして余りある利益をもたらしてくれます。ですので、早急にリターンを求めないようにしましょう。3年後か5年後くらいで返ってくればよしとして、長期的な視点を持って進んでいきましょう。**完璧主義**でなくて大丈夫です。

分散型投資で前進する

1の投資で1のリターンを求める
確実なリターンが見込めないと失敗が怖くて動き出せないし、たった一つの施策が失敗するともう駄目だと判断してしまう。

10の投資で10以上のリターンを得る
10挑戦してみて、たとえ9失敗しても、残りの1が成功して失敗をカバーするほどの利益を得られればよい。

メルマガで集客

この商品は駄目だ……

売れなかった……

1つでも成功して10のリターンがあればOK

YouTubeでCM

メルマガ発信

電話でコール

DM発送

SALE

口コミ

ポスティング

郵便 〒 POST

10%OFF
10%OFF
10%OFF
クーポン・割り引き

ポスターを貼る

SNSで告知

サンプル配布

1つがヒット！

「サンプル配布」という手段でうまくいき、リターンを得られればよい。

one point

100点を目指さなくてもよい。売上が目標に達成しなくても、連絡先のリストを増やせた、改善点が見つかった、など自分なりの及第点を探す。

05 打ち手をたくさん用意すれば 歩みは止まらない

ビジネスにおける打ち手を事前にたくさん用意しておくことによって、行動が止まることがなくなり、何が起きた時でも強いショックを受けなくなります。

ビジネスにおいては様々な決断が求められます。そうした決断を迷わなくするための方法は、事前に**打ち手**をいくつも用意しておくということです。その対策があれば、「まだやれることがある」と可能性を感じることができ、行動はストップしません。打ち手を用意しておかないと、うまくいかなくなったときに、「もう終わりだ」と行動がストップしてしまいます。打ち手は時間が取れる時期にたくさん作りましょう。その際は実現性が低いものが混ざっても構いません。発想にブレーキをかけないことが大事なのです。

進む道があれば行動は止まらない

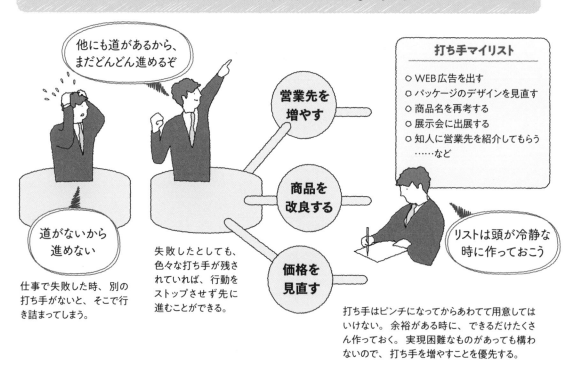

他にも道があるから、まだどんどん進めるぞ

道がないから進めない

仕事で失敗した時、別の打ち手がないと、そこで行き詰まってしまう。

失敗したとしても、色々な打ち手が残されていれば、行動をストップさせず先に進むことができる。

営業先を増やす

商品を改良する

価格を見直す

打ち手マイリスト
○ WEB広告を出す
○ パッケージのデザインを見直す
○ 商品名を再考する
○ 展示会に出展する
○ 知人に営業先を紹介してもらう
　……など

リストは頭が冷静な時に作っておこう

打ち手はピンチになってからあわてて用意してはいけない。余裕がある時に、できるだけたくさん作っておく。実現困難なものがあっても構わないので、打ち手を増やすことを優先する。

打ち手の中に「直接話す」「メールで連絡する」「パンフレットを渡す」など、一人のお客様へのアプローチを増やすことも含まれます。一度のアプローチでは買ってもらえなかったけれど、二度目、三度目のアプローチで買ってくれる人もいるので、失敗に思えるアプローチも決して無駄ではありません。時間が経ってから買う人だっています。また、「ああいうことが起きたらこうしよう」「こういうことが起きたらこうしよう」と打ち手を増やすことは、**想定内の事態**を増やすことにつながります。ビジネスは想定外の連続で、人は想定外のことが起きた時に強いショックを受けてしまいます。逆に「この程度のキャンセルは想定内だった」などとあらかじめ考えていれば、キャンセルが出てもショックは受けません。

一度のアプローチだけで終わらせない

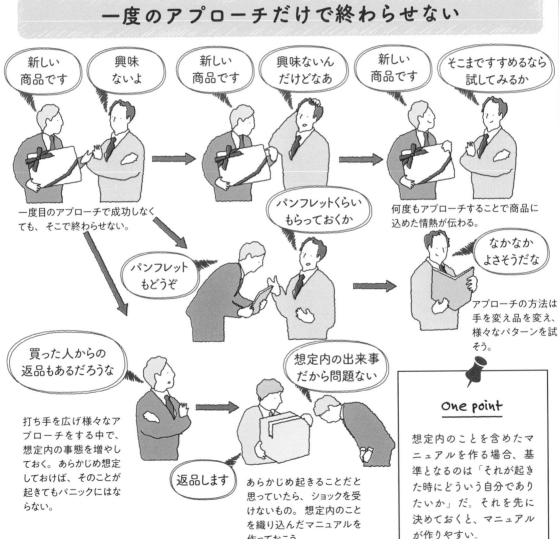

一度目のアプローチで成功しなくても、そこで終わらせない。

何度もアプローチすることで商品に込めた情熱が伝わる。

アプローチの方法は手を変え品を変え、様々なパターンを試そう。

打ち手を広げ様々なアプローチをする中で、想定内の事態を増やしておく。あらかじめ想定しておけば、そのことが起きてもパニックにはならない。

あらかじめ起きることだと思っていたら、ショックを受けないもの。想定内のことを織り込んだマニュアルを作っておこう。

one point

想定内のことを含めたマニュアルを作る場合、基準となるのは「それが起きた時にどういう自分でありたいか」だ。それを先に決めておくと、マニュアルが作りやすい。

「小さな一歩からコツコツと」が着実な成功につながる

大きな目標を持つことは大切ですが、それを実現させるためには日々の努力が必要。そのためには毎日達成できるような小さなゴールを設定しましょう。

はじめてのイベント開催。目標を大きく持つことはよいことですが、いきなり5万人規模のスタジアムを借りる人は滅多にいないでしょう。例えば、必要以上に大きな店舗を借りたり、高額な機械に投資したり、狭い店舗に20人以上のスタッフを集めたり……。規模こそ違いますが、どれも大きすぎる目標です。頑張る気持ちはあっても、現状とゴールのギャップが大きすぎると、ほとんどの人はモチベーションを維持できません。挫折した時の落胆ぶりもはんぱではありません。そこでおすすめしたいのが、**小さなゴール**を設定することです。

大きな成果と小さな目標

3か月かけてマイナス30kg
・おやつは1日1つまで
・エレベーターやエスカレーターでなく階段を使う

楽にできることあるかな

これならできるかも

月曜だけお弁当にしよう

外食

毎週土曜だけ1kmランニングしよう

できた！

できた！

小さな達成感を得るとやる気もアップ
新しいことや変革を行う時にも、小さな成功を積み重ねるのがよい。

START!

成功している人は何の苦労もせずに目標を達成しているように見えますが、彼らもつねに挑戦し、失敗もします。最後までモチベーションを保てるのは、ゴールした喜びを経験しているからです。では、どのように目標を設定すればよいのか？　キーは「小さなゴール」です。大きな目標の途中に、達成できそうな小さなゴールをいくつか設定しておきます。例えば、何巻もある歴史小説は、並べて見ているだけで「とても読破なんて無理」と尻込みしてしまうでしょう。しかし、毎日数ページずつ読み進めれば必ず読破できます。ポイントは読んでいる１冊にフォーカスし、他の巻は見えない場所に隠しておくこと。そうすることで「まだこんなに残っている」と圧倒されずに済みます。毎日の**小さな目標達成**をルーティーンにしてください。

「小さなゴール」をダイエットに例えてみると……

大きな目標を立てると
挫折感も大きく
失敗しやすい

ストレスなく
達成できた！

できた！

3か月で
30kg 痩せる！

GOAL!!

無理だ〜〜

自分には駄目だ〜〜

私はできる！　って
いう自身もついた

おやつ食べ
なくても平気だ

あと1か月で
マイナス30kg

・3日間、食べない
・毎日10km走る

↓

無理な目標

↓

**大きな階段は
届かないもの**

運動も楽しく
なってきた

one point

大きな目標のために95％
実現可能な小さな目標
（スモールステップ）を立
てて、達成していく方法
は、スモールサクセスと
呼ばれている。

07 自分の弱みに合わせて 計画を組もう

実行できないスケジュールほど意味のないものはありません。どんな状況でも達成できる計画を立ててこそ、理想に近づけるものなのです。

多くの人は、スケジュールを組む時に少しテンションが高くなり、実現できそうにないほど書き込んでしまいがち。その結果「また予定通りにできなかった……」と自己嫌悪に陥ります。残念ながら人間は集中できる時間が限られています。スケジュールを組む前に自分の実力を理解することが大切です。「集中力が足りない」「モチベーションが低い」「あきらめが早い」など、マイナス面をしっかり自覚した上で、"自分の精神力に頼らないスケジュール"を組めば、達成できます。**現実的なスケジュール**がきっと理想のレベルまで導いてくれることでしょう。

できる人こそ自分の弱みを知っている

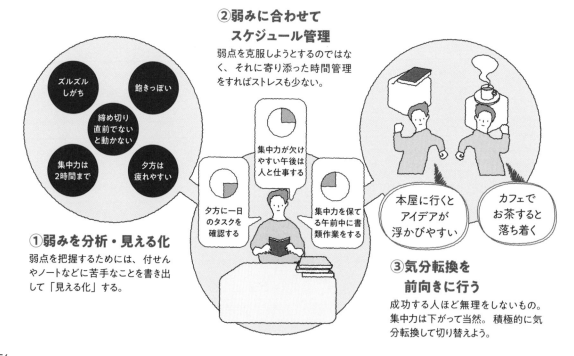

①弱みを分析・見える化
弱点を把握するためには、付せんやノートなどに苦手なことを書き出して「見える化」する。

②弱みに合わせて スケジュール管理
弱点を克服しようとするのではなく、それに寄り添った時間管理をすればストレスも少ない。

ズルズルしがち
飽きっぽい
締め切り直前でないと動かない
集中力は2時間まで
夕方は疲れやすい

夕方に一日のタスクを確認する
集中力が欠けやすい午後は人と仕事する
集中力を保てる午前中に書類作業をする

本屋に行くとアイデアが浮かびやすい
カフェでお茶すると落ち着く

③気分転換を 前向きに行う
成功する人ほど無理をしないもの。集中力は下がって当然。積極的に気分転換して切り替えよう。

あなたの仕事のペースがつかめてきたら、今度はエネルギーの配分も考えてみましょう。当たり前ですが、売上はあなたのやる気やエネルギーに左右されます。だからこそ、計画的にエネルギーを配分することが重要です。その際のポイントは年間で**計画**を立てること。「今月・来月の目標はこれです」「毎月イベントを開催しています」というように、月単位でスケジュールを立てていませんか？　毎月の繰り返しを12回繰り返すと考えると、エネルギーは分散されてしまい、大きな成果も出にくくなります。例えば、集客。毎月細々と集客活動をするのではなく、年に数回単位でプロモーションを組んでみましょう。そこに向かい、逆算して計画を組み準備をし、エネルギーを集中させるのです。こちらのほうが結果的に大きな売上を生み出せます。

1年を逆算して計画

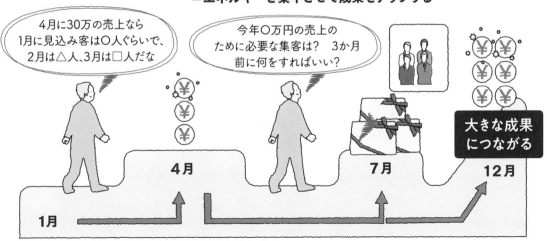

サラリーマン感覚だと

月単位のスケジュール
＝やるべきことも小単位で分散してしまう

- 今月の目標は10万円の売上
- 集客100人
- イベント100人
- 今月も10万円のための集客
- ？
- いつの間にか12月だ

1月 ➡　4月 ➡　7月 ➡　12月 ➡

成功する起業家は

数か月単位のスケジュール
＝エネルギーを集中させて成果をアップする

- 4月に30万の売上なら1月に見込み客は〇人ぐらいで、2月は△人、3月は□人だな
- 今年〇万円の売上のために必要な集客は？　3か月前に何をすればいい？
- 大きな成果につながる

1月　4月　7月　12月

157

08 最初の3年は限界まで ガムシャラに働いてみる

起業して3年は、限界まで自分を追い込んでみるのもありです。たくさんの失敗と少しの成功が次のステップの経験値になり、新たな「やる気」が生まれます。

商品の仕入れやDM制作、依頼された仕事の対応にセミナーへの参加など、起業当初はそれこそ目が回るほど忙しく、あっという間に時間が過ぎていきます。体力的にも精神的にも限界を感じることも多々あるでしょう。しかしそれが普通です。むしろ本気で起業しようと思ったら、最初の3年はスケジュールをどんどん埋めていくことです。試しに「もう絶対に無理」というくらい予定を入れて必死にこなし、破綻覚悟で限界を体験してみてください。実はこれが成功するためのプロセスの一部なのです。

稼げていない時こそ成長している

体力の限界というくらい忙しくしてみる
・本をたくさん読む
・セミナーに参加する
・営業まわりをする
・メルマガを書く
・家族の時間も取る
……etc.

あれもこれもやらないと

とにかくチャレンジしてみよう

限界を体験すると仕事の効率もアップする

もう無理というまでやると意外とできることが多かった

効率が上がったり仕事の精査もできたりする

ガムシャラに働いていると、「気がついたら1週間経っていた」などというのはよくある話。「何の成果も上がらないまま、何をやっているんだろう……」と愕然としてしまいます。しかしそれは決して無駄ではないのです。金銭的な成果はないかもしれませんが、今やっている "**仕込み**" や "**試行錯誤**" は、中長期的に成果を上げるために必要なこと。ある意味重要な実験です。数をこなしていくうちに仕事の効率も高まり、仕事内容の向き不向き、価値のある仕事とそうでない仕事、利益率の高い商品などが少しずつ見えてくるようになります。また無理だと思っていた仕事量も、効率が上がったことで余裕を持ってこなせるようになるはず。とにかく「やれることはすべてやる」。それが当たり前です。

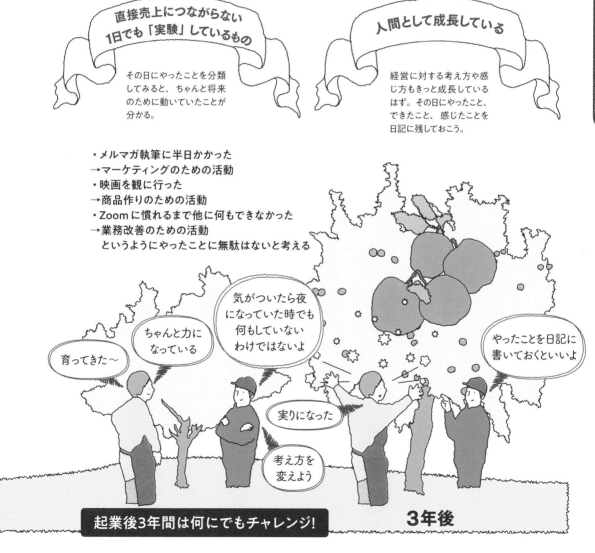

直接売上につながらない1日でも「実験」しているもの

その日にやったことを分類してみると、ちゃんと将来のために動いていたことが分かる。

人間として成長している

経営に対する考え方や感じ方もきっと成長しているはず。その日にやったこと、できたこと、感じたことを日記に残しておこう。

・メルマガ執筆に半日かかった
→マーケティングのための活動
・映画を観に行った
→商品作りのための活動
・Zoomに慣れるまで他に何もできなかった
→業務改善のための活動
　というようにやったことに無駄はないと考える

気がついたら夜になっていた時でも何もしていないわけではないよ

育ってきた～

ちゃんと力になっている

やったことを日記に書いておくといいよ

実りになった

考え方を変えよう

起業後3年間は何にでもチャレンジ!

3年後

09 自分なりの勝ちパターンを つかんでおく

商品が売れた時、見込み客が集まってきた時、自分はどのパターンで成功したのかを しっかり把握しておきましょう。その小さな成功が大きな成功への道を開きます。

集客するためのツールをいくつ考えていますか？　チラシ、広告、ホームページ、メルマガ、SNS、イベントなど、数が多いほど見込み客との出会いは多くなります。しかし、最初からあれもこれもと手を出してしまうと、混乱したり収拾がつかなくなったりして、効果が激減することも。そんな時は、自分はこれまでにどのパターンで成功したかを把握することが大切です。そして、まずはその**成功パターン**に集中して取り組むのです。もし、名刺交換した人に送ったメルマガがきっかけで商品が売れたのなら、あなたの成功パターンは「メルマガでの集客」かもしれません。

必勝ツールは一つでよい

集客ツールはたくさんある ⟶ **自分にとって効果のあるものを選択**

数ある集客方法をすべて試すのは力を分散させてしまい非効率。まず何か一つに絞ってみよう。

自分にとって得意なツール、うまく使えるものをメインで選ぶとよい。

「集客の4STEP」（112～113ページ）に合わせて考えてみよう

① 「出会う」ための方法 SNSなら、どれが私に合う?

② 「仲よくなる」ための方法、どれを使う?

Instagram

食事のお誘い、メルマガなど

どんな内容が発信しやすい?

反応のいいメッセージは?

反応のいいツールは?

集客の4ステップ（112〜113ページ参照）を思い出してみてください。「①出会う→②仲よくなる→③検討する→④買う」のうち、メルマガは②の「仲よくなる」に当たります。商品説明や使い方のコツを紹介したり、お得な情報を送ったりするなど、メルマガの配信回数を多くすればするほど、信頼を得ることができます。メルマガ配信をあなたのメインツールとして追求しながら、他の方法も少しずつ試してみればよいのです。例えば、メルマガ用の原稿を他のＳＮＳでもリライトして使ってみたり、リンクを張って別のＰＲ方法につなげてみたりします。このように、メインのツールに紐づけて相乗効果を生み出していきましょう。メインはこれと決めておけば、使う方法が増えてもブレることはありません。

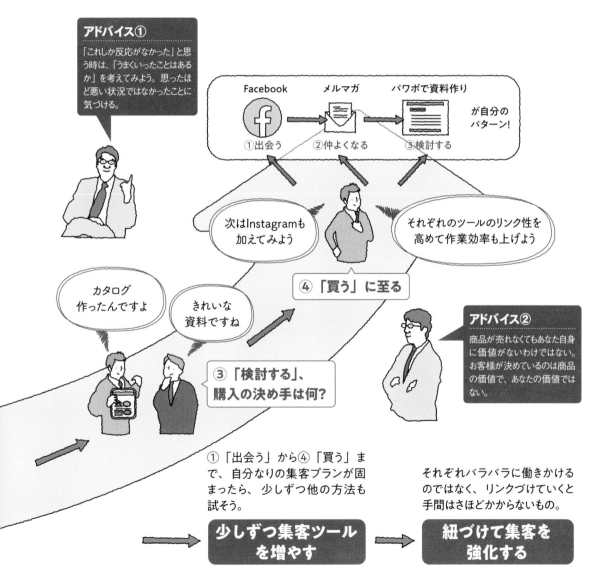

アドバイス①
「これしか反応がなかった」と思う時は、「うまくいったことはあるか」を考えてみよう。思ったほど悪い状況ではなかったことに気づける。

Facebook　メルマガ　パワポで資料作り
が自分のパターン!
①出会う　②仲よくなる　③検討する

次はInstagramも加えてみよう

それぞれのツールのリンク性を高めて作業効率も上げよう

④「買う」に至る

カタログ作ったんですよ

きれいな資料ですね

③「検討する」、購入の決め手は何?

アドバイス②
商品が売れなくてもあなた自身に価値がないわけではない。お客様が決めているのは商品の価値で、あなたの価値ではない。

①「出会う」から④「買う」まで、自分なりの集客プランが固まったら、少しずつ他の方法も試そう。

それぞれバラバラに働きかけるのではなく、リンクづけていくと手間はさほどかからないもの。

少しずつ集客ツールを増やす

紐づけて集客を強化する

10 できる人ほど 他人を頼っているもの

仕事が片づかない、手が回らない、といったピンチが訪れる前に身につけておきたいのは、他人に仕事を依頼すること。周囲にはサポーターがいることを忘れずに!

自分一人で頑張っていると、やらなくてはいけないことがいつの間にか増え、手が回らなくなることがあります。そんな時こそ、他人を頼るチャンスです。データ入力などの事務作業はもちろん、チラシやホームページ作成、写真や動画の撮影、コピーライティングといった専門的な仕事なども、周囲に目を向ければ気軽に引き受けてくれる人がいるはずです。身近にいなければ「よい人がいたら紹介してください」と友人・知人に頼んでおけば、適任者に出会える可能性も高まります。起業したら何でも自分一人でやるべきと思う必要はありません。

成功者はお願い上手

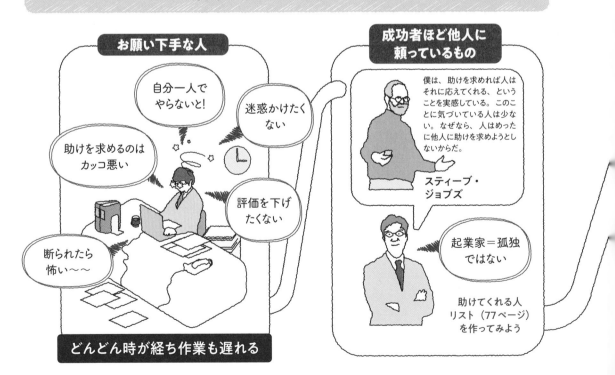

お願い下手な人

- 自分一人でやらないと!
- 迷惑かけたくない
- 助けを求めるのはカッコ悪い
- 評価を下げたくない
- 断られたら怖い〜〜

どんどん時が経ち作業も遅れる

成功者ほど他人に頼っているもの

僕は、助けを求めれば人はそれに応えてくれる、ということを実感している。このことに気づいている人は少ない。なぜなら、人はめったに他人に助けを求めようとしないからだ。

スティーブ・ジョブズ

起業家＝孤独ではない

助けてくれる人リスト（77ページ）を作ってみよう

問題は一人で抱え込んで大事な仕事が後回しになったり、納期に間に合わなかったりして信頼を失うこと。そうなる前に他人に頼るテクニックを身につけましょう。しかし、「売上が少ないのにお金を払って人に頼んだら、自分の利益が減ってしまう」と迷うこともあるでしょう。そんな時は、その仕事単体で収支を計算するのではなく、ビジネス全体でどれだけ売上が増えるかを考えましょう。例えば、自分でもできる仕事を他人に1万円支払って委託したとします。利益はその分減りますが、あなたには他の仕事をする時間が生まれ、新たな利益を得られます。あえて費用をかけてその道の専門家に任せることでクオリティアップし、集客につながることもよくあるもの。仕事ができる経営者は、**サポート**してくれる人を集めることも上手なのです。

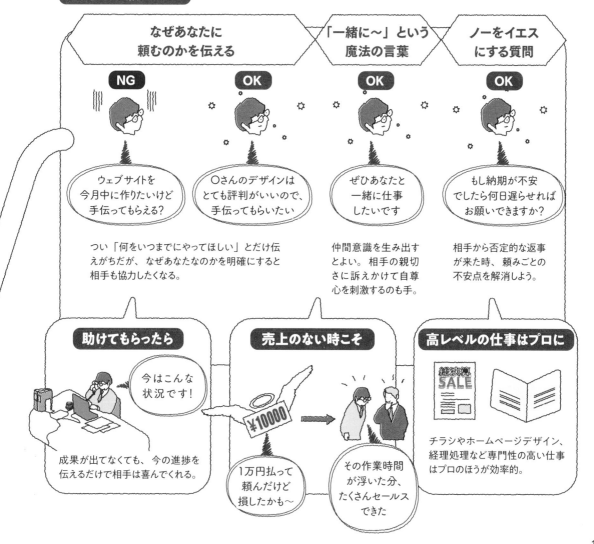

上手なお願いテク

なぜあなたに頼むのかを伝える

NG
ウェブサイトを今月中に作りたいけど手伝ってもらえる?

つい「何をいつまでにやってほしい」とだけ伝えがちだが、なぜあなたなのかを明確にすると相手も協力したくなる。

OK
○さんのデザインはとても評判がいいので、手伝ってもらいたい

「一緒に〜」という魔法の言葉

OK
ぜひあなたと一緒に仕事したいです

仲間意識を生み出すとよい。相手の親切さに訴えかけて自尊心を刺激するのも手。

ノーをイエスにする質問

OK
もし納期が不安でしたら何日遅らせればお願いできますか?

相手から否定的な返事が来た時、頼みごとの不安点を解消しよう。

助けてもらったら

今はこんな状況です!

成果が出てなくても、今の進捗を伝えるだけで相手は喜んでくれる。

売上のない時こそ

¥10000

1万円払って頼んだけど損したかも〜

その作業時間が浮いた分、たくさんセールスできた

高レベルの仕事はプロに

総決算 SALE

チラシやホームページデザイン、経理処理など専門性の高い仕事はプロのほうが効率的。

11 自信があれば頭を下げることもいとわないもの

起業した自分に酔いしれて横柄な態度を取っていませんか？ 大きな成功を収める起業家ほど、どんな相手にも頭を下げることができる人なのです。

「ありがとうございます」「お世話になっております」「申し訳ございませんでした」といった言葉とともに、心を込めて頭を下げることができる人こそ、本当に起業して成功する人です。もしあなたが、「頭を下げるなんて自分の弱みを見せるようだ」と思っているのなら、考え直してみてください。頭を下げられる人は、自分に**自信**がある人なのです。自信があるからこそ、他人に頭を下げることなんて何でもないのです。反対に、偉そうだったり、威嚇的だったりする人は、自信がないために自分を大きく見せようとして、そういう態度になりがちです。

自信のない人ほど強い承認欲求

One point

承認欲求とは、自分は価値のある人間と認めたい・認めてほしいという気持ちのこと。

自信がない

↓

自分で自分を認められない

↓

他人に認めてほしい

男性起業家に多いタイプ！

起業できたのは偉い！ 俺はスゴイ奴なんだと周囲に認めさせたい。

自分で自分を認めたい
・スキルを高めたい
・能力を上げたい
・自信をつけたい

自己承認欲求

他者承認欲求

他人に認めてほしい
・称賛されたい
・注目されたい
・地位や名声が欲しい

俺ってできるヤツ

自信のなさは相手にストレートに伝わり、全く逆効果です。自分のよさを認めて自信を持ち、周囲の人に助けられていることを心に留め、**素直な気持ち**で頭を下げる人こそ大きな成功を収めます。きっと、あなたの人柄とビジネスを信頼し、「この人のお店に行きたい」「この人から買いたい」「一緒に仕事をしたい」と思ってくれるようになります。例えば、同じ商品を同じ価格で売っているお店が2軒あるとします。一方には笑顔で対応してくれる店員さんがいて、一方には仏頂面の怖い店員さんがいた場合、あなたはどちらに買いに行きますか？　当然、前者ですよね。お客様は、実績やすごさだけであなたを選んでいるのではなく、あなたの人柄やビジネスに対する情熱を見て選んでいるものなのです。

承認欲求を捨てて自信をつける

うまくいった時ほど
まわりに感謝する

前に紹介してくれた
お礼に……　口コミ

友だちがシェア
してくれている

成功は見えないところで助けて
くれた人がいたからと思う。

アカウントをいくつか使い分けたり、
休日は見ないようにしたりする。

WORK　仕事用　　PRIVATE　プライベート用

休日はSNS
は見ない

OFF

SNSとのつき合い方を再考する

自分で自分をホメてみる

できないこと、イヤなこと
はしなくていい

ブログが苦手なら
一旦やめてみる

できないこと・苦手なことは一
旦やめて、失敗も認める。

どうすれば
捨てられるの？

**承認欲求の強い人は
やがて周囲からの
支持を失ってしまう！**

承認欲求の強い人と会った時
は、その人と自分は違うと思う。

フォロワー100万人だぜー、
すごいだろう

そうですか。
私は少ないですが、
コメントは多いです

**自分は自分、他人は他人
と割り切る**

165

12 売れている人を見たら誰よりも応援する

もし成功したい！応援されたい！と思うなら、積極的に"売れている人"を応援し、自分の目標に向かって意識を集中させることが大切なのです。

人は時として外見や言動で人を判断し、自分と比べがち。例えば同じビジネスや同じような年代の起業家が成功したら「なんであの服があんなに売れるの？」「特におしゃれでもないのになんであんなに取材されているの？」「あんな狭い店なのになんで人気なの？」……など、つい**批判**が口をついて出てしまいます。しかし裏返せば、成功している人を馬鹿にしたり批判したりすることは、「自分も成功したら批判をされる」可能性があるということ。ですから多くの人から**応援**されたいと思うなら「売れている人がいたら応援する！」のが一番です。

なぜ羨望してしまうのか

他人の成功が悔しい

どうしてあんなに質の悪いものが売れるのか、あの人は運がよかっただけと、毒づいてしまう。

自分にはできない 運がない

成功者

身近な人に感じる嫉妬

かけ離れた世界にいる人はうらやましいと思わない。同じ業界にいるのに相手だけ成功すると納得できない。

ほとんど同じものなのになぜ？

100万個売れたパーカー

自己嫌悪が高まる

自分と相手を比べる

自分も努力しているのに認めてもらえないと、他人の成功を素直に喜べない。

すごいですね

私も頑張ったからホメてほしい

自分に満足していない

成功していないのは自分の境遇に問題があると、相手と自分の置かれた環境の差をねたむ。

お金がないせいだ

地方に住んでいるせいだ

売上を伸ばしたり、仕事の知名度を上げたりするために集客が大切なことは前述の通り。もし街中での声かけを冷たくあしらったり、電話での営業に素っ気なく対応したりしているようなら、それは自分自身で集客に悪いイメージを植えつけていることになります。自分が批判しているものを目指すのは難しいもの。ですから、ティッシュを配っている人や店頭で呼び込みをしている人、電話でのセールスに対して、心の中で「みんな頑張って集客しているんだな。ご苦労様」と声をかけてみてください。それだけで少しずつ集客に対するイメージが上がり、自らの意識も変わるはず。本当に大切だと思っていることや、大切なものを広げるためには、自らが前に出て頑張るしかないのです。

うらやむ気持ちは成功のチャンス

よいなと思う気持ち＝そこに理想があると切り替える

何にうらやましいと思うのだろう？

その人と自分の違いは？

モチベーションの低い人は他人をうらやむこともないと、ポジティブにとらえる。

0円でもできる集客を考えよう

この地域で効果のあるメディアに声をかけてみよう

成功している人の今ではなく、過去を考えてみる

100万個爆売れ

どうしてそんなに売れたのだろう？

ツイていた？

成功者の「今」だけにフォーカスせず、プロセスに敬意を払う。

毎日8時間も電話し続けたよ

運がよかったわけではないんだ

そんなに努力したんですね

嫉妬する気持を否定しない

自分は仕事が遅い

いつも早く帰れないな

お先でーす

相手と比べてもマイナス面ではなく、プラス面に目を向ける。

でも仕事は正確とホメられる

丁寧ねといわれることが目標

13 先輩起業家と どんどん親しくなろう

あなたの歩く道の前には数多くの成功者がいます。そこにはすでに有力者となった人もいるでしょう。ぜひ物怖じせず、そんな人たちと仲よくなりましょう。

すでに成功している起業家との交流は、何よりもあなたのビジネスや生き方に対するマインドに大きな影響を与えてくれますので、ぜひ積極的に会って話をしてみましょう。同じジャンルでも違うジャンルでも構いません。はじめて会う人、まだ関係性が築けていない人を食事に誘うのはハードルが高いもの。しかし、本当の**成功者**とは駆け出しの起業家に親切にしてくれる人です。「お話をじっくりお聞きしたいので、お時間をいただけませんか？」と心を込めてアプローチすれば、相手は意外と OK してくれるはずです。

成功者と仲よくなるには

いきなり「食事に行きませんか？」などとお誘いしては NG です。なぜ会いたいのか、どういう話が聞きたいのかといった思いを率直に伝えながら、相手の状況にも配慮しつつ「お時間いただけませんか？」と言ってみるのです。相手の SNS やメルマガなどにコメントすることでも、信頼関係を築くことができます。感激したこと、なるほどと思ったこと、実践してみたことなどを書き込むことで、相手には「自分を分かってくれる」という思いが生まれます。それが、仕事を依頼してみよう、何かあったら頼ってみようといった行動につながるのです。すでに成功している先輩方に信頼されることも仕事では大切です。真摯な気持ちで「お話を聞かせてください」とアプローチすれば、ビジネスセンスや人生哲学を学べる機会も得られるでしょう。

④ 仕事を得たり 成功マインドを学んだり
仕事や人脈でチャンスを得たり、成功に必要なマインドを教えてもらえたりできる。

一緒に仕事できるなんて！
学ぶところが多い！
GOAL!!

③ 親近感・信頼度アップ
こまめにメッセージを送って印象度を上げておくと、実際に会った時、すでに信頼関係が築けている。

あなたがいつも返信くれる人？
返信くれた
試してくれたんだ
交流会

好印象
この前のアドバイスを試してみたら、成果が上がりました。

成功者

① 会いたい・話したい 理由を告げる
ただ会いたい、話をしたい、だけでは不審がられる。その人の生き方・働き方を学びたいという低姿勢で。

いいですよ
会いたいんです
学びたいんです

② SNS などでメッセージを送る
成功者や有力者のメルマガ登録や SNS のフォローをして、コメントを送ろう。

成功者のメルマガ
スマホで SNS

登録だけでなくプラスアルファでこんなことを実践してみよう

メルマガ登録
フォローする

14 他人のビジネスを積極的に手伝う人こそ成功する

自分の利益を上げる、自分が得する……こんなことだけを考えていたら、起業後のビジネスは成り立ちません。困っている人がいたら助ける。この精神を忘れずに。

ここまで、様々な成功の秘訣をお話ししてきましたが、基本となる考え方は、他人を大切にすること、お互いに助け合うことです。ビジネス相手を単なる金銭的な取引相手ととらえるのではなく、**サポート**し合える関係になることで、どちらにとってもプラスの効果が現れるのです。もし、あなたの知り合いが集客に苦労をしていたら、あなたもその人の集客を手伝ってみてください。どんな方法でもよいのです。SNSで情報を拡散する、チラシを配るといったすぐにできるサポートはもちろん、商品やサービスを購入する、お客様を紹介する、困りごとを一緒に解決すると

周りが成功するほど自分もうまくいく

いった強力なサポートも考えられるでしょう。こうしたサポートは、相手のためになるだけでなく、あなたにとっても経験となり、自分自身を成長させることにもつながります。相手は、苦しい時のサポートに喜び、感謝の気持ちを抱き、今度はあなたが苦しい時に助ける側になってくれるかもしれません。こうした損得勘定抜きのサポート関係を築くことで、お互いのビジネスがどんどん成長していくのです。もちろん無理をする必要はありません。余裕がある時にできること、楽しいと思えることをやればよいのです。「今、手伝っておけばいつかこちらも手伝ってもらえるかも」と、少しくらい下心を持ってしまっても構いません。相手がよい状況になり、あなたもよくなれば、それで OK。気持ちのよい関係の中でみんなが成功する喜びを共有してみましょう。

苦しい時に助けてくれた。無償で手伝ってくれた。そんな相手こそ今度は自分が助けてあげたいと思ってくれて、あなたが何もしなくてもサポートの輪が広がっていく。

15 プロジェクトごとに 少人数体制のチームを組む

起業してある程度の利益を得られるようになったら、チームを作ってみると新たな展開が見えてきます。少数精鋭でいくつものプロジェクトを動かすことがおすすめです。

ひとりビジネスが軌道に乗ったら、プロジェクトによっては**チーム**を組んでもよいでしょう。まずは少数精鋭で得意分野が異なっているとベストです。例えば、ビジネスの基本となる商品やサービスを持っている人と情報発信や広告営業が得意な人といった組み合わせ。また、ITが得意な人と人脈を作ることが得意な人といった組み合わせです。仕事のスピードが上がり、複数のプロジェクトを回せることでしょう。利益を配分するために一人分の収入は減りますが、いくつものプロジェクトを進めることで、トータルではプラスの収入になります。

最初から最高のチームはできない

「一人でやったほうが儲かるのでは？」と思うかもしれませんが、目の前の小さな利益を追いかけるより、チームでいくつものプロジェクトを回していくほうが結果的には大きな利益につながります。成し遂げた仕事の数が多いほど、あなたの経験値が上がり、知識もやりがいも増え、何よりも認めてくれる顧客の数が増えていきます。それは大きな資産となり、次のビジネスへの布石となるのです。メンバーを選ぶ時に大切なのは、契約書が不要なくらいの信頼関係が築けるか、価値観の違いを理解し合えるかを見極めること。また、収入の不公平感はもめごとの火種になりがちなので、しっかり決めておきましょう。一番集客した人には一番多く配分されるような仕組みを作っておくことをおすすめします。

自分の価値観を把握して仲間を探す

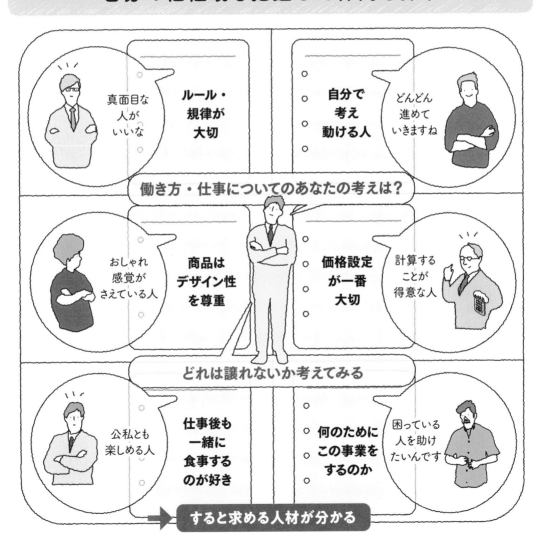

16 「稼げなかった〜」という時もホメポイントがある

売上が上がらないと自信を失ってしまいがち。そんな時はあれこれ思い悩まず、とことん働いてみましょう。一生懸命に働けたらそれでOK。あなたの価値は無限大です。

起業後に必ずついてくるのが、不安や焦りなどです。自分は間違っていないか、ビジネスはうまくいくのか、資金不足にならないかとマイナスの感情に襲われ、眠れない日が続くかもしれません。時には自分には価値がないと落ち込むかもしれません。そんな思いを抱えたら、時間の許す限り、とことん働いてみることをおすすめします。自分の好きなこと、やりたいと思ったことでスタートしたビジネスです。頭と体をフルに活用して働くことで夢や目標に一歩ずつ近づいていくのですから、**自信**を持って日々を積み重ねていきましょう。

失敗をとらえ直す

自分には価値が
ないんだ

売上が上がら
なかった──

駄目
人間だ

イベントに人が
集まらなかった

数字で人の価値
は測れないよ!

失敗は人生の
終わりじゃない

友人が数億の借金を
したら友人をやめる?

「未来」で
考えてみる

こんな失敗も
したんです

と語れるよう
になろう!

信じられない!

本当ですか?

称賛の目

失敗したり収益を上げられなかったりした時、
自分まで否定してしまい、人生まで悲観しがち。

174

人によっては自分の存在価値が分からなくなることもあるかもしれません。でも、人間の価値は売上の良し悪しで決まるものではありません。どこかの誰かのために、社会のために、そして自分の人生のために一生懸命働いているあなたは、それだけで価値があります。気持ちが沈んだら、「自分、なかなか頑張っているじゃないか！」とホメてあげてください。誰かに命令されてやっているわけではないし、怠惰な気持ちで楽して儲けようとしているわけでもありません。一念発起して起業までこぎつけたことは誇りを持つべきことなのです。うまくいかないことがあっても、リスタートすればよいだけです。経験したことのすべてはあなたを成長させてくれる糧となります。安心して歩んでいきましょう。

自分を取り戻すには……

失敗、うまくいかなかったことばかりに目が行きがちだが、
うまくいったこともあるはず。それに意識を向けよう。

失敗したイベントで「よかった」ことを10書き出す

今後何を
強化するか
つかめた

失敗が
大したことない
ように思える

チャレンジできた	10人でも伝えられた
喜んでもらえた	出会いがあった
開催を実現できた	感想をもらえた
次の課題が見えた	自分の考えを発信できた
ツテが広がった	イベント開催の流れが分かった

小さな自信を
積み重ねられた

手応えを
感じられる

周囲の評価
も上がった

ポイントは、どんな小さなことでもいいから書き出すこと。
10以上あるとさらにGOOD！

歴史上に名を残した人々の起業を知る

第三次起業ブーム時代

熊谷正寿（くまがい まさとし）

GMO インターネットグループ創業者

1963年長野県生まれ。1991年にボイスメディア（現・GMO インターネット）を設立し、95年にインターネット事業に参入して、99年に「独立系インターネットベンチャー」として国内初の株式の上場を果たす。「すべての人にインターネットを」を合言葉に、ネットインフラ事業、ネットメディア事業を展開している。

▼

夢を明文化してやる気アップ

熊谷氏は高校を中退し20歳で結婚、翌年一子をもうける。父親の会社で働きつつ放送大学に通っていた。そんな心身・経済的につらかった時、手帳に自分の夢を書き出し、その夢に優先順位をつけ「未来年表」を作成してみたところ、目標が明確に。そして、インターネットのインフラ事業に生涯をかけようと決めたという。

田中良和（たなか　よしかず）

GREE の開発者

1977年生まれの田中氏は2002年に楽天に入社。03年から趣味の一環として、SNS「GREE」を開発。翌年2月にはGREEを一般公開し、個人サイトとしてサービスをはじめた。利用者の増加によって運営会社グリーを設立し、08年、東京証券取引所マザーズへ、そして10年には東京証券取引所第一部に上場を果たした。

▼

自分のビジョンを信じて

パソコンメインだった「GREE」は、2006年にはモバイル版も本格稼働。当時、SNSをモバイルで使わせるなんて不可能といわれたが、田中氏はインターネットの世界でも、おもしろいと思ったことが軌道に乗ってビジネスとなるまでには5年くらいの歳月が必要と分析して決断したという。結果、09年には会員数1000万人を突破した。

孫泰蔵（そん　たいぞう）

ソーシャルゲーム大手ガンホー生みの親

孫氏は東京大学在学中の1996年にインターネットサイトの制作・運営会社インディゴを設立した、ネット起業家の草分け的存在である。98年にはオンセール（現ガンホー・オンライン・エンターテイメント）の設立に参画し、代表取締役に就任。2005年に大証ヘラクレス市場（現ジャスダック市場へ統合）に株式の上場を果たした。

▼

スタートアップの育成を

2009年にはスタートアップ企業を育成するMOVIDA JAPANを設立。自身の経験を若い起業家に伝え、シリコンバレーを超えるベンチャーの生態系を東アジアに作りたいという。そこには、日本では起業に失敗したら駄目という意識が強いが、アメリカのように起業家がサバイバルできる仕組みを作りたいという思いがあるからと語っている。

（文責：GB編集部）

Chapter 7

KIGYOU marketing
mirudake note

起業時に焦らなくても大丈夫なタスク

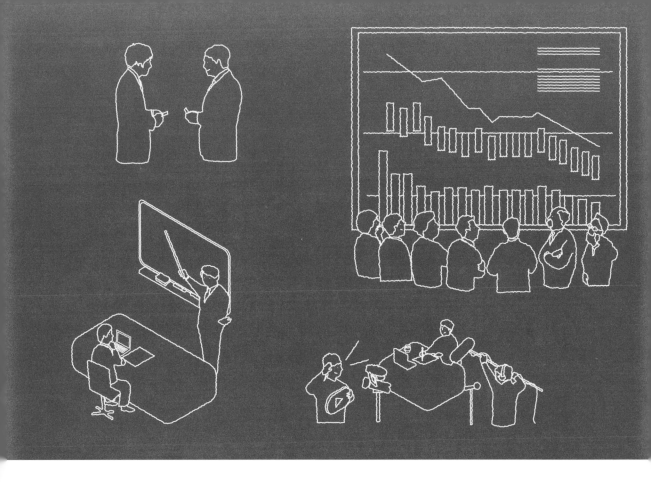

起業すると開業届の提出やホームページの開設、税金などのことを
考えないといけないと思いがちですが、集客に時間をかけたいところ。
本章ではそういった事務的な作業についても参考としてまとめました。

01 開業届は開業1か月以内に 提出と聞いたけど……

起業すると、開業1か月以内に開業届を提出しないといけないとよく聞くでしょう。しかし、急ぐ必要はありません。集客などのタスクを優先して先に売上を出しましょう。

起業＝開業の届出ではありません。開業後1か月以内に届け出るようにいわれますが、準備段階の時や売上がない場合に、急ぐ必要はありません。個人でビジネスをはじめた人が**開業届**を出すと「個人事業主」になります。ビジネスが大きくなれば「法人化」することも考えられるでしょう。するべきことは同じビジネスです。起業にあたってするべき実務は様々。ビジネス自体の準備を後回しにしてまで、開業の届出や法人の登記を急ぐ必要はありません。それよりも集客などに力を注ぎましょう。

開業届は……急がなくて大丈夫

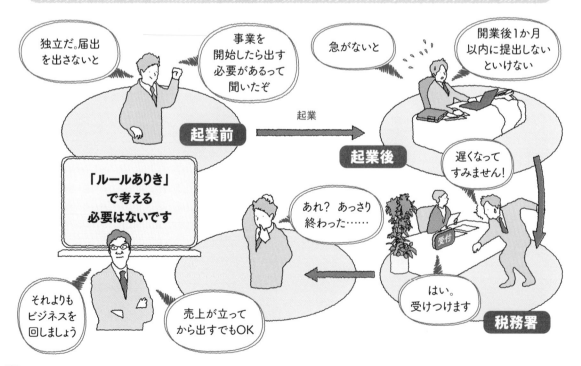

実のところ、開業届は役所に行って書類に記入し提出するだけ。意外とすぐ終わります。起業にあたっての手続きというと、面倒そうだし、間違えたら大変そう。そう思う人が多いのですが、やり方を知らないだけで、それほど難しいことはありません。役所で教えてもらえますし、必要ならプロのアドバイスを受ければよいのです。届出で税金が安くなったということがあっても、少しの節約のために本来集中するべきこと＝ビジネスの時間が削られるのはもったいないでしょう。個人事業主と法人では税務や社会保険、得られる補助金、関係者からの信頼度などが変わってきます。見栄を張ったり焦ったりせずに、自分のビジネスや目標達成のために必要なことと、かかる経費や労力とのバランスなどを考えながらステップを踏んでいきましょう。

開業届のメリットは何？

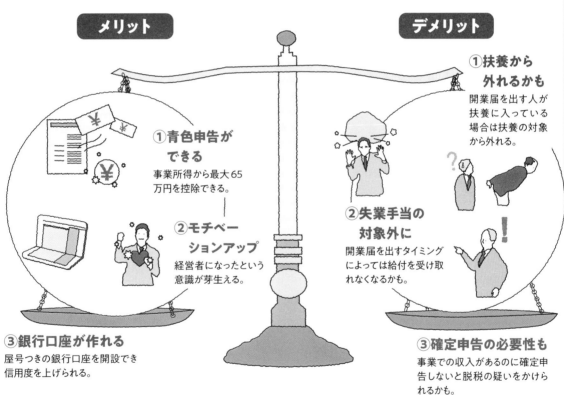

メリット

①青色申告ができる
事業所得から最大65万円を控除できる。

②モチベーションアップ
経営者になったという意識が芽生える。

③銀行口座が作れる
屋号つきの銀行口座を開設でき信用度を上げられる。

デメリット

①扶養から外れるかも
開業届を出す人が扶養に入っている場合は扶養の対象から外れる。

②失業手当の対象外に
開業届を出すタイミングによっては給付を受け取れなくなるかも。

③確定申告の必要性も
事業での収入があるのに確定申告しないと脱税の疑いをかけられるかも。

最大65万円を所得金額から控除できる青色申告が可能になることが最大のメリット。開業届の控えは、融資を受けたり銀行口座を作れたり社会的信用度を得ることも可。

主婦の副業でも扶養から外れる可能性があったり、失業手当の対象外になったりするが、節税になるなどメリットもある。開業してすぐ届け出なくてもよいが、落ち着いたら出そう。

02 開業届はなぜ出すの？青色申告って何？

開業届は時期を見て出してもよいですが、開業届を出したら青色申告の承認申請書も出すとよいでしょう。メリットは色々ありますが、ポイントは節税です。

個人事業主になれば確定申告をする必要が出てきます。確定申告の種類の一つである**青色申告**は、個人事業主の節税になる特典がある申告制度のことです。確定申告は1月1日から12月31日までに得た所得金額を算出し、所得税を確定させて申告した上で、可不足分の所得税を納付、または還付され制度です。会社員時代でも確定申告をしていた人はいるかもしれません。あなたがた**開業届**を提出したのならば、青色申告も承認申請をするとよいでしょう。税務署で簡単に申請できます。確定申告には白色申告もありますが、節税メリットはあまりありません。

青色申告と白色申告

白色申告
届出の必要はないが、2014年1月から記帳が義務づけられたので青色申告とあまり手間は変わらなくなった。節税効果は少ない。

青色申告
申告には「開業届」「青色申告承認申請書」を税務署に提出する必要があり、ちょっと手間がかかるが納税額が少なく済む。

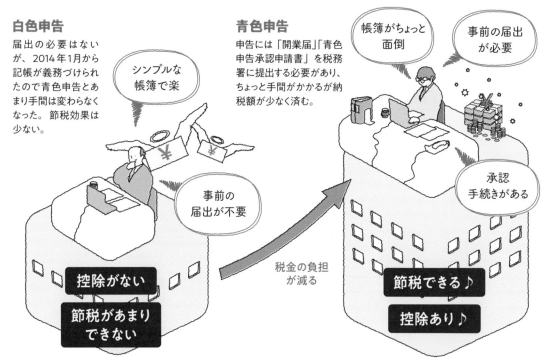

シンプルな帳簿で楽

帳簿がちょっと面倒

事前の届出が必要

事前の届出が不要

承認手続きがある

控除がない

節税があまりできない

税金の負担が減る

節税できる♪

控除あり♪

182

青色申告の承認申請には手続きが必要ですが、その分メリットは色々あります。利点の一つは確定申告時に所得から最大65万円の所得控除を受けられるという節税効果。正式には青色申告特別控除といいます。また、赤字を3年繰り越せることも利点です。ビジネスをはじめてすぐ黒字にするのは難しいのが現実。例えば、青色申告なら去年2000万円の赤字を出して、今年2000万円の黒字を出した場合、今年の税金は払わずに済みます。去年の赤字が繰り越せて、プラスマイナスゼロになるからです。白色申告なら今年の黒字2000万円には、まるまる税金がかかってしまいます。家族への給与を必要経費にできたり、30万円未満の固定資産を全額経費に計上できたりというメリットもあります。

青色申告のメリット

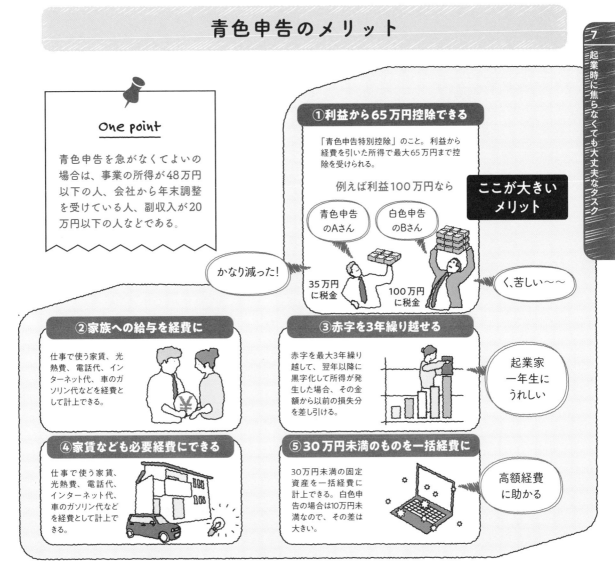

One point

青色申告を急がなくてよいの場合は、事業の所得が48万円以下の人、会社から年末調整を受けている人、副収入が20万円以下の人などである。

①利益から65万円控除できる

「青色申告特別控除」のこと。利益から経費を引いた所得で最大65万円まで控除を受けられる。

例えば利益100万円なら

青色申告のAさん　白色申告のBさん

ここが大きいメリット

かなり減った！

35万円に税金　100万円に税金

く、苦しい〜〜

②家族への給与を経費に

仕事で使う家賃、光熱費、電話代、インターネット代、車のガソリン代などを経費として計上できる。

③赤字を3年繰り越せる

赤字を最大3年繰り越して、翌年以降に黒字化して所得が発生した場合、その金額から以前の損失分を差し引ける。

起業家一年生にうれしい

④家賃なども必要経費にできる

仕事で使う家賃、光熱費、電話代、インターネット代、車のガソリン代などを経費として計上できる。

⑤30万円未満のものを一括経費に

30万円未満の固定資産を一括経費に計上できる。白色申告の場合は10万円未満なので、その差は大きい。

高額経費に助かる

03 起業後に発生する税金は どのようなもの？

個人事業主としてビジネスを行う場合、所得などに応じて税金を納める必要が生じます。どのような税金があるのでしょうか。知っておきましょう。

起業すると確定申告が必要になることは前ページでも述べた通り。発生する**税金**には所得税、個人事業税、住民税、消費税などがあります。それぞれ届書などを税務署や役所へ提出し納税することとなります。専門的な内容も多く、苦手意識を持つ人も多いでしょう。個人事業主の場合は「初心者でもできる」「簡単！」と銘打った税務処理ソフトなどを利用すればよいでしょう。しかし、法人化したら、税務申告はプロの**税理士**にお願いするのがおすすめです。自分で税務処理を勉強して申請する時間を省略して、その分、自分のビジネスを伸ばす時間に当てましょう。

起業するとかかる税金

One point

法人の場合は納税がまた少し異なるが、ひとり起業はひとまず法人化は避けておくほうが無難。

必要な書類

開業届　青色申告

「開業届」「青色申告承認申請書」を税務署に提出するところからスタート。

前ページにもある通り、個人事業主は青色申告すれば、税制優遇がある

起業して必要なら申請を

まずは個人事業主としてはじめよう

税理士に頼むのがベスト。でも知っておいて損はないよ

先輩起業家

起業1年目

START!

税理士の仕事は申告の手伝いだけではありません。資金繰りや節税の相談に乗ってくれたり、効率のよい帳簿のつけ方、領収書の整理の仕方なども教えてくれたりします。節約を考えて税理士を頼まない。または頼んでも最低限の金額で申告だけの契約をする。そのほうが時間と手間がかかることもあります。ネット上には格安の税理士の広告があります。その場合、申告以外のことを相談すると別料金がかかることも。ただし、シンプルなビジネスの場合はそれで十分です。税理士は大事なお金に関わってくれる人です。1回限りのつき合いではないので相性も大事です。自分に必要なサポートを見極め、できれば信頼できる人に紹介してもらうなどして、長くおつき合いできる人を選んでください。

個人事業主の場合

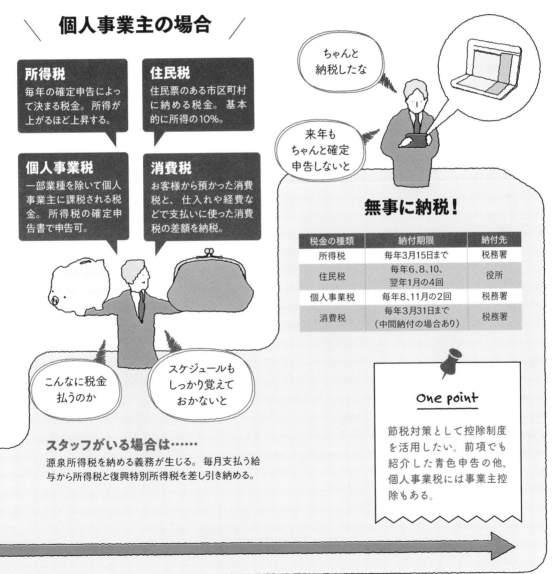

所得税
毎年の確定申告によって決まる税金。所得が上がるほど上昇する。

住民税
住民票のある市区町村に納める税金。基本的に所得の10%。

個人事業税
一部業種を除いて個人事業主に課税される税金。所得税の確定申告書で申告可。

消費税
お客様から預かった消費税と、仕入れや経費などで支払いに使った消費税の差額を納税。

ちゃんと納税したな

来年もちゃんと確定申告しないと

無事に納税!

税金の種類	納付期限	納付先
所得税	毎年3月15日まで	税務署
住民税	毎年6、8、10、翌年1月の4回	役所
個人事業税	毎年8、11月の2回	税務署
消費税	毎年3月31日まで（中間納付の場合あり）	税務署

こんなに税金払うのか

スケジュールもしっかり覚えておかないと

スタッフがいる場合は……
源泉所得税を納める義務が生じる。毎月支払う給与から所得税と復興特別所得税を差し引き納める。

One point
節税対策として控除制度を活用したい。前項でも紹介した青色申告の他、個人事業税には事業主控除もある。

04 ホームページ開設は必要なもの？

ホームページを作らないと駄目だと思う人は多いものですが、それありきで考える必要はありません。はじめは無料のブログやSNSで十分です。

新たなサービスや気になる商品に出会ったら、まずWEBやSNSで検索する。それが今では常識になりました。WEBサイト、いわゆる**ホームページ**はいわば営業マンであり会社の顔。しかし、起業と同時にあわてて作る必要はありません。もちろん、ネット販売がメインとか、WEB上のサービスを提供するなど、ホームページありきの業種もあります。でもホームページがなくてもとりあえずは成り立つビジネスの場合、必要なことを考えながら作っていくのもよいでしょう。その過程で自分の商品に足りないもの、よりよくする手段などに気づくこともあります。

自分のサイトがあるとよいのは……

①信用度がアップする
サイトやブログはいわば、インターネット上の名刺やパンフレットの役割。

②情報発信もできる
新しい情報をいち早く告知でき、各SNSとも連動して発信できる。

③営業ツールになる
情報をすべてネット上にまとめておけば、タブレットなど持参で伝えられる。

自分のサイトだけでなく名刺やロゴも含め、それ自体は目的ではなくツールです。開業時に急いでホームページを作成しなくても**無料ブログ**や**SNS**でも十分です。WEBで検索すれば、初心者のための無料のブログ作成ツールがたくさん紹介されています。自力で作るならそれなりと割り切り、手間もかけないように。そしてもし、ホームページを作るのであれば時間や手間をかけずに、プロに任せてしまいましょう。プロに任せる際は、値段ではなく質で選びましょう。安くても効果がなければ無駄になります。お金を払うのであれば、効果や目的を明確にして依頼しましょう。ホームページ開設は下のイラストの通り、利点も不利な点もあります。本当に、今、どの程度まで必要か、を考えながら取り組みましょう。

お客様とより仲よくなれる&リピーターにつながる

④**集客できる**
全く見知らぬ大勢の人にアプローチできる。検索結果の上位に表示される「SEO」を使うと効果的。

⑤**マーケティングできる**
ホームページへのアクセスを分析することで、今後のマーケティングに活用できる。

検索したらこんなサイトが出たよ

はじめて見た!

Googleなどで検索された時、上位に上がるサイトを目指そう

より細かくターゲットを設定できるな

意外と30代男性のアクセスが多いのか!

①**コストがかかる**
開設時にもコストがかかるが、開設後の運営にもサーバー代などのコストがかかる。

デメリットもある。本当にホームページが必要か考えよう

③**スタッフが必要**
ITが苦手な場合は代わりに更新などをしてくれる人への外注コストがかかる。

②**ホームページ以外を考える**
ブログでも十分ホームページ代わりになる。ページ開設前に、低コストでできることからしてみよう。

④**今はそのタイミング?**
資金、スタッフ、戦略的なホームページ施策などの準備があれば、ホームページは有効的。見直すことも重要。

05 補助金や助成金という手も考えておく

起業家をサポートすることを目的とした補助金、助成金、融資などが存在します。ただし、それに頼った事業計画を立てるのではなく、あくまでも参考程度にしましょう。

起業をサポートしてくれる**補助金**や**助成金**が存在します。これらは国や地方自治体からもらえるもので、返済は不要です。事前に、自分が登記する自治体のホームページを確認してみましょう。ただし、補助金・助成金は申請が受理されても、「あなたが使ったお金の何割かを後から支払う」といった形式のため、すぐ受け取れないものも多くあります。なお、助成金は比較的少額で、基本的にいつでも申請できて条件を満たせば支給されやすいという特徴があります。一方、補助金は応募時期が限定されていて、審査が厳しいという特徴があります。

助成金と補助金の違いは？

助成金
・比較的、少額
・支給されやすい
・基本的にいつでも申請できる
・申請期間に余裕がある

条件を満たせば給付されます

個人事業でも利用できる制度もあるって

補助金
・金額が大きくなる場合もある
・審査が厳しく支給されにくい
・短期間の公募制が多い
・アピールが必要

審査で採択されれば給付されます

「法人以上」などの制限があるって

one point

助成金・補助金は国が推進したいことに関して金銭を支給して国民を公的に助ける制度。支給金は返済する必要がない。

ちなみに、補助金や助成金の他にも、創業融資というのもあります。創業融資とは自己資金以外に他者からお金を借りること。借入先は日本政策金融公庫や自治体などがあります。ただし、はじめは、なるべく資金のかからない、借金に頼らない事業の計画を立ててみましょう。ひとり起業・ネット起業を考えている方でしたら、住宅で仕事をはじめたり手持ちのパソコンを使ったりすることで当初の資金を節約できることでしょう。ただ、もし店舗やオフィスなどを借りることを検討されている方は、補助金や助成金のことを念のため調べておくのも手でしょう。独立起業に関する様々な情報が掲載されたサイトなどもあり、支援に関する情報も載っていますので、参考にしてみましょう。

融資についても知っておこう

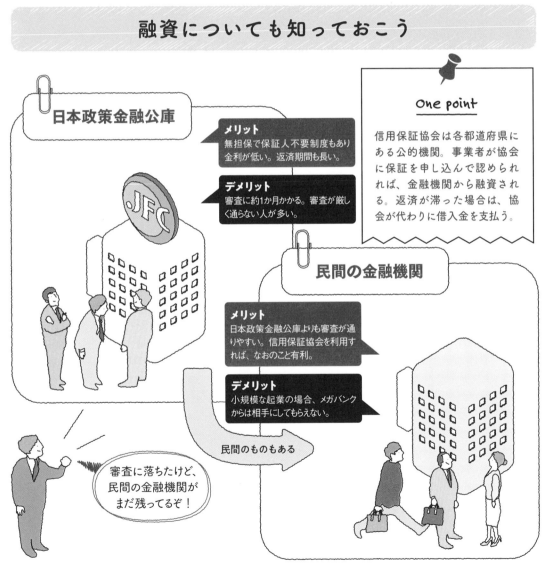

日本政策金融公庫

メリット
無担保で保証人不要制度もあり金利が低い。返済期間も長い。

デメリット
審査に約1か月かかる。審査が厳しく通らない人が多い。

One point
信用保証協会は各都道府県にある公的機関。事業者が協会に保証を申し込んで認められれば、金融機関から融資される。返済が滞った場合は、協会が代わりに借入金を支払う。

民間の金融機関

メリット
日本政策金融公庫よりも審査が通りやすい。信用保証協会を利用すれば、なおのこと有利。

デメリット
小規模な起業の場合、メガバンクからは相手にしてもらえない。

民間のものもある

審査に落ちたけど、民間の金融機関がまだ残ってるぞ！

06 お客様のためにルールや契約書はあるとよい

常識や当たり前は、人によって違うものです。誤解が起きることを避けるためにも、最低限のルールがあるほうが安心してビジネスを回すことができます。

お客様のため、一緒に仕事をする人のために、最低限の**ルール**や**契約書**は設けておくのがベストです。もちろん、そういったものを介せず、信頼関係を築けることが理想ではあります。しかし、世の中には色々な人がいます。イベントに申し込んだにもかかわらず直前や当日にキャンセルする人もいれば、散々仕事をしてサービスを提供した後で支払いを渋る人もいます。もしくは、悪意がなくても、ちょっとしたすれ違いが大きなクレームになることもあるでしょう。**キャンセルポリシー**を設定することは、こういったリスク回避につながります。

契約書はあると安心

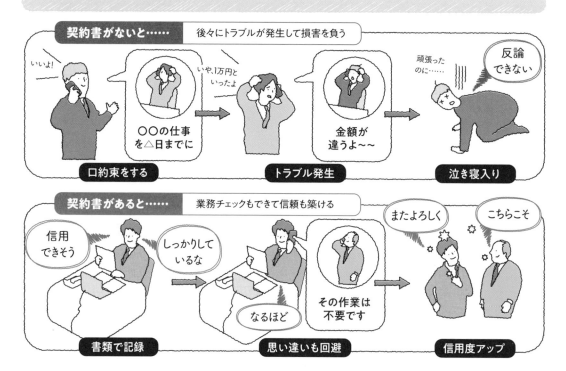

例えば、あるイベントで直前や当日にキャンセルされた場合、その空白分をすぐに埋めることができなければ、あなたの損失になってしまいます。ひとり起業家の場合は大きな打撃です。ですので、旅行の予約のようにキャンセルポリシーを設定するわけです。実際、キャンセルポリシーに同意した上での予約にすることで、ドタキャンは激減します。ただし、事前にキャンセルポリシーを設定したからといって、どんなシチュエーションでもその通りにしなくてはいけない、という訳ではありません。相手の話を聞いて今の自分の経営状況を踏まえて、返金しても大丈夫と思えば返金しても構いません。それでお客様の満足度が上がり、長期的にはプラスになることもあります。あなたなりの基準を決めましょう。

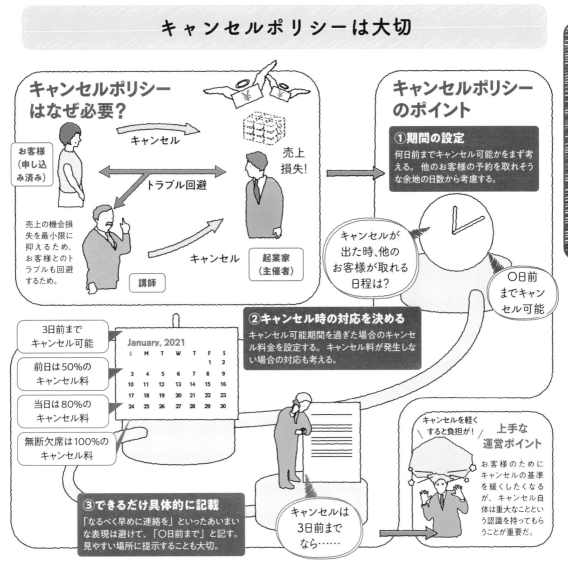

キャンセルポリシーは大切

キャンセルポリシーはなぜ必要？

お客様（申し込み済み）

キャンセル

トラブル回避

キャンセル

売上損失！

講師

起業家（主催者）

売上の機会損失を最小限に抑えるため、お客様とのトラブルも回避するため。

キャンセルポリシーのポイント

①期間の設定
何日前までキャンセル可能かをまず考える。他のお客様の予約を取れそうな余地の日数から考慮する。

キャンセルが出た時、他のお客様が取れる日程は？

〇日前までキャンセル可能

3日前までキャンセル可能

前日は50%のキャンセル料

当日は80%のキャンセル料

無断欠席は100%のキャンセル料

January, 2021
S M T W T F S
1 2
3 4 5 6 7 8 9
10 11 12 13 14 15 16
17 18 19 20 21 22 23
24 25 26 27 28 29 30

②キャンセル時の対応を決める
キャンセル可能期間を過ぎた場合のキャンセル料金を設定する。キャンセル料が発生しない場合の対応も考える。

キャンセルは3日前までなら……

③できるだけ具体的に記載
「なるべく早めに連絡を」といったあいまいな表現は避けて、「〇日前まで」と記す。見やすい場所に提示することも大切。

キャンセルを軽くすると負担が！

上手な運営ポイント
お客様のためにキャンセルの基準を緩くしたくなるが、キャンセル自体は重大なことという認識を持ってもらうことが重要だ。

歴史上に名を残した人々の起業を知る

現代①

三木谷浩史（みきたに ひろし）

楽天グループ創業者

日本興業銀行（現・みずほ銀行）に就職するも、阪神・淡路大震災をきっかけに起業を決意。1997年、楽天の前身会社を立ち上げ、ショッピングモール楽天市場を開設。当初はわずか13店舗だったが、今では5万店を超えるサイトに成長。『フォーブス』が選ぶ「革新的企業ランキング」では、日本企業としては1位にランクインした。

▼

社会のために行動し続ける

楽天市場の開設当時、インターネットを通して買い物をするという慣習は浸透していなかった。しかし、三木谷氏はインターネットで流通が変わるというビジョンを持ち、チャレンジし続けた。楽天のブランドコンセプト「大義名分」はまさにこれ。起業時から社会的意義のために事業を起こすという気持ちが大切と語っている。

藤田晋（ふじた すすむ）

サイバーエージェント創業者

藤田氏は大学卒業後、人材派遣会社の営業職に就職。1998年に退職し、サイバーエージェントを創立。しかし、起業当時、これといったビジネスモデルもなかったという。今後成長する分野としてインターネット業界を選び、営業代行や広告代理事業を行うことに決定。それがわずか2年で東証マザーズに上場を果たすまでに成長を遂げた。

▼

我慢強く耐える

サイバーエージェントは急スピードで成長したものの、IT バブル崩壊のあおりを受け、一時は売却寸前まで追い込まれた。しかし、投資を受けたりアメーバ事業やスマホ事業に参入したりして息を吹き返す。ビジネスは忍耐力のない人から脱落すると藤田氏はいう。結果が出ない時に結果を出すまで続ける忍耐強さが重要だと。

笠原健治（かさはら けんじ）

ミクシィ創業者

起業のスタートは 1997年、大学在学中の求人情報サイト「Find Job!」。たった一人でパソコンとホームページ開設の本を購入してはじめたという。その7年後には、自身で立ち上げた会社から、SNS「mixi（ミクシィ）」をリリースし大ヒット。上場も果たし、「ユーキャン新語・流行語大賞 2006」ではトップ 10 にも選ばれるほど社会現象に。

▼

人と人のつながりを

「mixi」はインターネット上でコミュニケーションができ、それが当時の日本ではめずらしく広まった。笠原氏は自身の起業を、イケる！ と思えるアイデアがあっただけで、ツテや知識などの強みがあったわけではないと振り返っている。思いついたらすぐ行動した、アイデアがあるなら形にしないともったいないと考えてきたのだという。

（文責：GB 編集部）

Chapter 8

KIGYOU marketing
mirudake note

ネット起業って
どういうものがあるの？

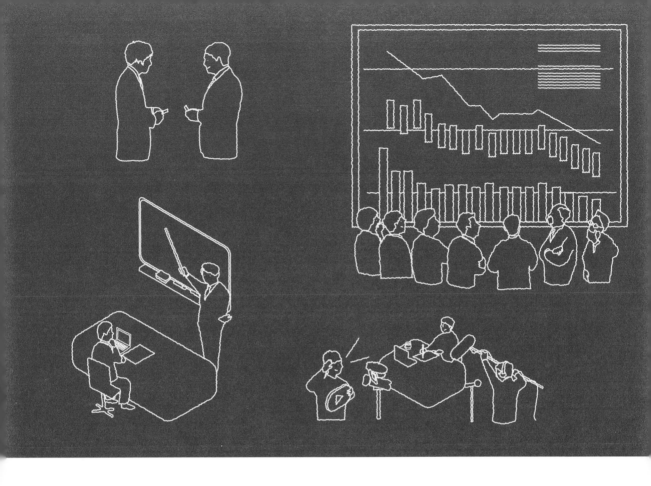

これといった資金や人脈もなくはじめられるネット起業は、今後ます
ます盛んになることでしょう。この章では、様々なネット起業の基礎
的なことや、いくつかの具体例をご紹介します。

01 ネット起業のメリットと デメリットを知っておこう

ますます拡大すると思われるネット起業。少ない資金・小規模ではじめられ、場所も時間も自由でメリットが大きいところが魅力的です。

インターネットを活用したビジネス・**ネット起業**は、今の時代ならではの事業です。そのメリットの一つは、大きな投資が要らないこと。過去の起業は、事務所を借りる、オフィス機器をそろえる、通信設備を整えるといった初期投資が必要でしたし、その金額もけっこうなものでした。ところが今は、パソコンとインターネット環境さえあれば、自宅でもカフェでもコワーキングスペースでも仕事ができるのです。出社時間にしばられることなく自分のペースで働けるので、午前中に仕事を片付けて午後は勉強に当てるといった時間の使い方もできるでしょう。

気軽にはじめて気長に続けるのがコツ

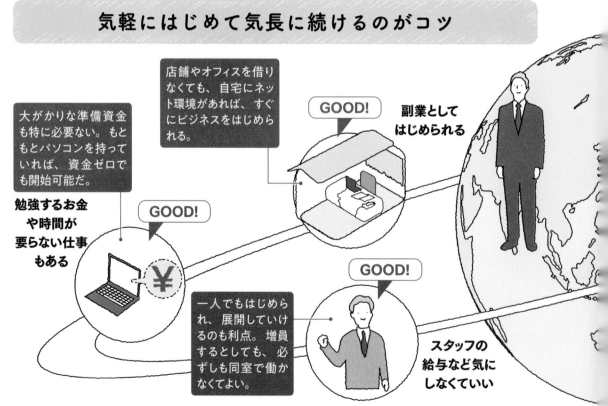

大がかりな準備資金も特に必要ない。もともとパソコンを持っていれば、資金ゼロでも開始可能だ。

勉強するお金や時間が要らない仕事もある

GOOD!

店舗やオフィスを借りなくても、自宅にネット環境があれば、すぐにビジネスをはじめられる。

GOOD!

副業としてはじめられる

一人でもはじめられ、展開していけるのも利点。増員するとしても、必ずしも同室で働かなくてよい。

GOOD!

スタッフの給与など気にしなくていい

ネット上に作った仕組みで自動的に商品を販売できるので、自分が遊んでいても寝ていても売上を上げることができます。そして何よりも、日本中、世界中がビジネスの場になることが最大の利点。グローバルな事業も決して夢ではないのです。こうしたいくつものメリットがある反面、もちろんデメリットもあります。インターネットを活用したビジネスでは、結果が出るまでにはある程度の時間が必要です。例えば、検索エンジンで集客するには、一般的に数か月から1年程度かかるといわれます。また、仕事中には人との接触が限られるのでモチベーションが下がったり、孤独感に襲われたりという問題も起こりえます。人とのコミュニケーションは、売上アップのための情報収集にも、メンタル面のリスク回避にも不可欠だと覚えておきましょう。

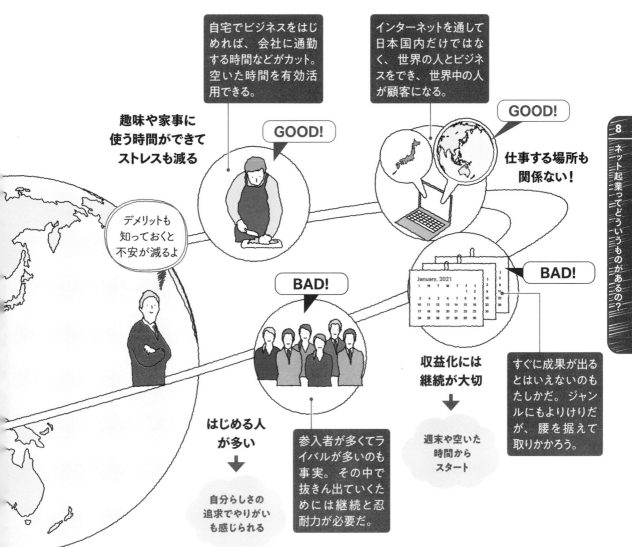

自宅でビジネスをはじめれば、会社に通勤する時間などがカット。空いた時間を有効活用できる。

インターネットを通して日本国内だけではなく、世界の人とビジネスをでき、世界中の人が顧客になる。

GOOD!

GOOD!

仕事する場所も関係ない！

趣味や家事に使う時間ができてストレスも減る

デメリットも知っておくと不安が減るよ

BAD!

BAD!

収益化には継続が大切

すぐに成果が出るとはいえないのもたしかだ。ジャンルにもよりけりだが、腰を据えて取りかかろう。

はじめる人が多い

自分らしさの追求でやりがいも感じられる

参入者が多くてライバルが多いのも事実。その中で抜きん出ていくためには継続と忍耐力が必要だ。

週末や空いた時間からスタート

02 パソコンとネット環境だけで OK 起業資金はゼロ

パソコンやインターネット、プログラミングなどの専門的な知識は不要です。入力するだけで手軽に販売がはじめられるサービスも活用してみましょう。

大きな設備投資が要らない**ネット起業**。最低限、パソコン、スマホ、Wi-Fi などのインターネット環境があればスタートできます。最近は、ネット上で利用できるサービスも豊富。Zoom などのオンライン会議システムを使う機会も増えているので、カメラが付属されていないパソコンの場合には WEB 用カメラを用意すると役立ちます。そして、あると便利なのが入出金用の銀行口座です。個人の口座とは別に事業用に別の口座（78 ページ参照）を作っておくと、売上の確認や収支計算が楽になるでしょう。こちらもオンラインで、ネット銀行の利用がおすすめです。

無料オンラインサービスを大活用

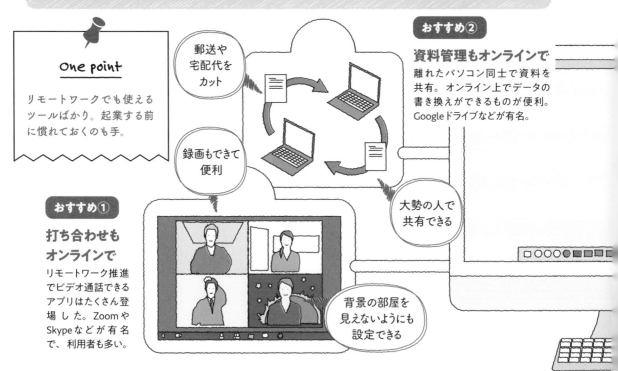

One point

リモートワークでも使えるツールばかり。起業する前に慣れておくのも手。

郵送や
宅配代を
カット

録画もできて
便利

おすすめ①

**打ち合わせも
オンラインで**

リモートワーク推進でビデオ通話できるアプリはたくさん登場した。Zoom やSkype などが有名で、利用者も多い。

おすすめ②

資料管理もオンラインで

離れたパソコン同士で資料を共有。オンライン上でデータの書き換えができるものが便利。Google ドライブなどが有名。

大勢の人で
共有できる

背景の部屋を
見えないようにも
設定できる

最近は、法人口座を作ることが難しくなっていますが、口座ができるまでは個人の口座で問題ありません。このように手軽にはじめられるネット起業は、プログラミングなどの特別な知識や技術も必要ありません。もちろん、専門的な業務にはある程度の知識と技術が不可欠ですが、ほとんどのビジネスでは、パソコンやインターネットを一般的なレベルで活用できれば全く問題ありません。また、ネットショップの場合は、Amazon、ヤフオク！、メルカリ、BASE などの販売プラットフォームを活用すればゼロから通販サイトを作る必要がなく、商品データと画像を入力するだけで販売できます。こうしたサービスは、本格的に通販サイトを立ち上げる前に商品の売れ行きを見極めることにも役立ちます。まずは試してみましょう。

アクセス数UP に効果的

おすすめ③

ちょっとした
画像処理に
ホームページの画像の色合いを補正したり、テキストをのせたり、簡単な画像処理は無料アプリでも十分できる。

おすすめ④

文字起こしにも便利
ひとり起業家は議事録などを文字起こしするのも一手間。最新のAI音声認識でテキスト変換してくれるアプリを使おう。Texterなどがある。

時短ツール

使い方も難しくない

ひとり起業家 にうれしい

無料で使えるオンライン サービスもたくさんある

銀行へ行く 手間もカット

おすすめ⑤

お金管理は オンライン口座
店舗に行かず24時間、ネット上で手続きができる上、手数料は低く、預金金利も比較的高い。

03 パソコンや IT に苦手でも心配しなくてよい

ネット起業に向き不向きがあるかと聞かれたら、その答えは「NO」。パソコンも IT も、楽しみながらトライすれば誰でも使いこなせるようになるのです。心配は要りません。

「自分はパソコンも IT も苦手だから、ネット起業には向いていない」と思い込んでいませんか？実は、ネット起業で成功を収めた人の中には、パソコンや IT が得意ではなかった人が意外と多いのです。そういう人たちがなぜ成功したのかというと、怖がることなく積極的に取り組んだから。**IT 苦手意識**があっても、それを少しだけやってみる、触ってみることでパソコンや IT と仲よくなっていったのです。IT スキルや資格を取ってから起業しようとセミナーなどに通って勉強をはじめる方もいますが、ネット上で調べて学べることも多くあります。

IT苦手さんでも全く問題ない

スマホは使えるけど、パソコンはあまり使わないから起業して稼げるのだろうかと不安になる人もいるかもしれません。「苦手、できないから起業しない・できない」と考えてなかなか動き出せない人は思考を変えてみましょう。「苦手、できないことをできる人に聞いてみて、やってみる」というように。知人に詳しい人がいれば積極的に頼り、いない場合はインターネットで検索してみる。最初の設定だけプロに任せる、という選択肢もありです。苦手なことを克服しようとして時間や手間を浪費するよりは、苦手なことは他人に任せて、自分の得意なことに時間や労力を注ぐほうが効率的です。ただ、できないことがあるほど、自分の成長を感じやすいもの。まずは挑戦してみて、どうしても分からなければ他人に頼ってみても、遅くはありません。

成長を感じやすい
できないことを素直に学ぶという姿勢さえあれば、自分の成長を大きく実感しやすい。

やればできる!

アドバイス
PC苦手意識とは思い込みであることが多い。何がイヤだと思っているのか言葉にしてみよう。そうすると、意外と簡単に解決策が見つかるもの。

はじめはできなかったのに

ハウ・トゥはネットで検索できる時代
今はネットで検索すると色々な情報をゲットできる時代。開業してから同時進行で調べても大丈夫だ。

ふんふん

なるほどね

こうするのか

こうやるといいよ

詳しい人に積極的に頼る
全くパソコンが苦手な人がスキルを身につけるために時間を費やすよりも、詳しい知人に聞いたり、プロに任せるほうがずっと時間の節約になる。

8 ネット起業ってどういうものがあるの?

201

04 アフィリエイト広告って どんなビジネス？

あなたのブログやサイトに、他企業の商品やサービスを紹介して収入を得るのが、アフィリエイト広告。読者が購入したり、クリックしたりすることで報酬が支払われます。

ネット起業で利益を得る方法の一つに、**アフィリエイト広告**があります。もし、ブログやサイト運営を仕事にしたいと考えているなら、ぜひ検討してみましょう。アフィリエイト広告とは、インターネット上での成功報酬型広告のことです。その仕組みは、あなたがブログやサイトである商品を紹介し、読者がそれを購入すると、商品を販売している企業（広告主）からあなたに報酬が支払われるというもの。例えば、あなたが気に入っている腕時計の記事をブログにアップしたとします。それを読んだ人がブログから腕時計の通販サイトにアクセスして、腕時計を購

企業を応援して報酬を得よう

この時計を
紹介しよう

この時計いいな

商品受け渡し

ヒット数も
増えた

アクセス
（広告主のサイトから商品購入）

ユーザー
（サイト訪問者）

代金支払い

広告主

アフィリエイター

登録

広告依頼

広告費
支払い

成果報酬
支払い

ASP（アフリエイト提供企業）

入すると、広告主である時計メーカーからあなたに報酬が支払われるのです。あなたが自分の好きなものを紹介することでその魅力を読者と共有でき、さらにその企業を応援することにもつながるのですから、やりがいも感じられるでしょう。また、クリック課金という仕組みもあります。これは、読者が広告をクリックするだけで、あなたに広告主から報酬が支払われるというもの。成功報酬型より取り組みやすいので、ネット起業初心者向きといえるでしょう。こうした仕組みを活用するには、アフィリエイト提供企業（アフィリエイト・サービス・プロバイダー／ ASP）に登録します。登録は無料です。はじめは、案件数が多くてあらゆるジャンルの広告を網羅しているところを選ぶのが無難といえます。

アフィリエイト広告をはじめてみよう

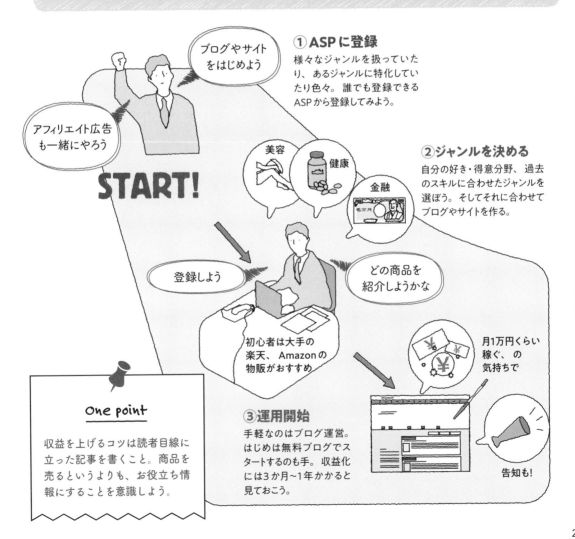

203

05 ネットショップとは どのようなビジネス？

ネットショップ作成サービスを活用すれば、簡単にあなたのショッピングサイトを作ることができます。好きなものを取り扱う楽しさ、味わいましょう。

ネットショップとはネット上にお店を立ち上げて商品を販売するビジネスです。高額な資金を投入してホームページを作らなくてはいけないと思っているかもしれませんが、ネットショップ作成サービスを活用することで、比較的簡単にスタートできます。ネットショップ作成サービスは、「BASE」「カラーミーショップ」「おちゃのこネット」などがあります。無料プランや月額500円プランなどもあり、初期費用を抑えながら気軽にオープンできます。また、登録、販売、決済といった基本的な運営方法から、より売上を伸ばす集客や販促などもしっかりサポートしてくれます。

2通りの売り方がある

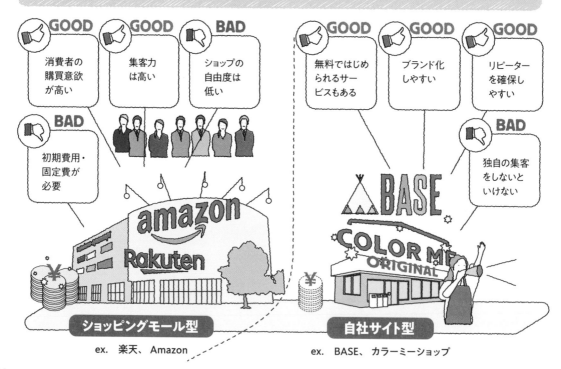

GOOD 消費者の購買意欲が高い

GOOD 集客力は高い

BAD ショップの自由度は低い

BAD 初期費用・固定費が必要

GOOD 無料ではじめられるサービスもある

GOOD ブランド化しやすい

GOOD リピーターを確保しやすい

BAD 独自の集客をしないといけない

ショッピングモール型
ex. 楽天、Amazon

自社サイト型
ex. BASE、カラーミーショップ

ですので、知識や経験がなくても問題ありません。まずは色々な作成サービスを見比べて、合いそうなところを探すことをおすすめします。また、ネットショップ開店において大切なのは、店作りのコンセプトです。顧客のターゲット、顧客のメリット、その商品を売る理由、ショップのオリジナリティなどを自分の中で明確にすることで、方向性が固まっていきます。実際にショップをスタートさせてみると、売れない商品があることにも気づくでしょう。ショップのイメージがターゲットから外れていたり、商品の写真がよくないということもあるものです。SNSなどで露出を高めて多くの人にショップ画面を見てもらい、意見を聞き、できるところから改善していくことで売上は伸びていきます。

ネットショップのはじめ方

①商品を決める
まず何を売るか決める。自分で作ったものを売るのか、既製品を仕入れて売るのかも考える。

②コンセプトを決める
ショップ名とコンセプトを考える。ターゲットを想定しながら考えるとよい。

④運用開始
とうとう開業。決済方法の決定や配送・梱包の準備も行う。集客は日々大切！

③出品形態を選ぶ
左ページで紹介したようにネットショップの開設は大まかに2通りあるので、選択する。

06 自分のスキルを活かし クラウドソーシングで稼ぐ

文章を書く仕事、デザインをする仕事、データ入力、アンケートなど、あなたが持つ
ビジネススキルや、つちかってきた知識を提供するのがクラウドソーシングです。

クラウドソーシングとは、あなたのスキルや知識を活用して仕事を請け負うビジネスのこと。仕事
の内容は、ブログや記事を書くライティング系、イラストやロゴ作成、動画編集などのデザイン
系、データ入力や在庫管理などの事務系と、多岐にわたります。WEB デザインや翻訳といった
専門知識を要する仕事や、簡単なアンケートに答える仕事など、求められるスキルも多様です。
クラウドソーシングをはじめるには、仕事を頼みたい企業と、仕事を求めている人をマッチング
させる仲介サイトに登録することからスタートです。

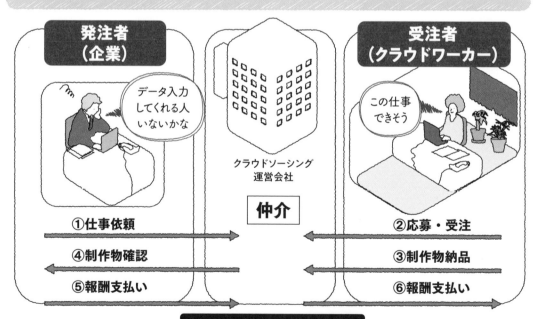

クラウドソーシングとは

発注者（企業）
データ入力してくれる人いないかな

クラウドソーシング運営会社
仲介

受注者（クラウドワーカー）
この仕事できそう

①仕事依頼　②応募・受注
④制作物確認　③制作物納品
⑤報酬支払い　⑥報酬支払い

オンライン上で完結する
顔を合わせることがない

「ランサーズ」「クラウドワークス」といったマッチングサイトは、ここ数年で急成長し、多数の企業や個人が登録しています。登録にはアカウント名、メールアドレス、パスワードといった基本情報の他に、得意な仕事や業務経験、希望報酬などを入力。登録すると様々な案件を閲覧できるようになるので、やりたいと思うものに応募し、双方が合意したところで取引成立となります。報酬の中から仲介サイトに対して手数料を支払う仕組みになっているので、その割合を確認しておくことも忘れずに。応募人数が多い案件は、請け負うことができない場合もあるので注意しましょう。また、「ココナラ」「スキルクラウド」は、あなたのスキルやどんな仕事ができるかを登録しておき、企業からのオーダーを待つシステムです。好みに合わせて選びましょう。

クラウドソーシングのはじめ方

207

07 あなたの教える技術がビジネスになる

オンライン上のビデオ通話を通して、料理や運動法を教えたり、カウンセリングを行ったり……。そういった"教える"ビジネスも増えています。

あなたのつちかってきた知識やスキルを人に教えたり、相談に乗ったりする、いわゆる「**先生業**」も、昨今ではオンライン上で大いに展開しています。オンライン上でスクールを開設すれば、あなた自身もそうですが、生徒さんも場所や時間にしばられることがありません。教える内容も英会話や話し方、コンサルタント、パソコンの使い方、片付け、料理、音楽、ヨガ、ダイエット、ハンドメイドなど、様々なジャンルが考えられます。これ以外にもアイデアがたくさん思いつくことでしょう。カウンセラー、セラピストといったスタイルもあります。

あなたの知識やスキルを価値に変える仕事

STEP 1
あなたが仕事やプライベートでつちかってきた知識やスキルを、求めている人がいるはず。何ができるか考えてみよう。

STEP 2
「教えることなんてない……」と思うなら、実績を作りながらステップアップ。ブログやSNSで情報を発信してファンを集めてみよう。

教える技術をビジネスに

情報発信で先生業の準備

料理

語学
ABC...

ビジネススキル

ダイエット

子育て

好きなファッションコーディネートのコツを発信してみよう

介護で苦労したエピソードを知りたい人がいるかも

こういったビジネスの魅力は、あなた自身の知識やスキルを価値とみなして、その対価として報酬を受けられるという点です。1対1のパーソナルレッスンとしてビジネスを展開することも可能で、その場合はさらに単価を上げやすくなります。なぜなら、こういったビジネスのお客様はとてもモチベーションが高いからです。お客様は時間や回数に対してではなく、期待している結果を出すために報酬を支払っています。目標達成のための環境に価値を見出してくれます。あなた自身もお客様と一緒に成長を感じ取ることができ、やりがいを感じられることでしょう。さらに、単価の上がったノウハウは、電子書籍や動画コンテンツ、オンラインサロンなど、様々な形の商品として発展させることができます。

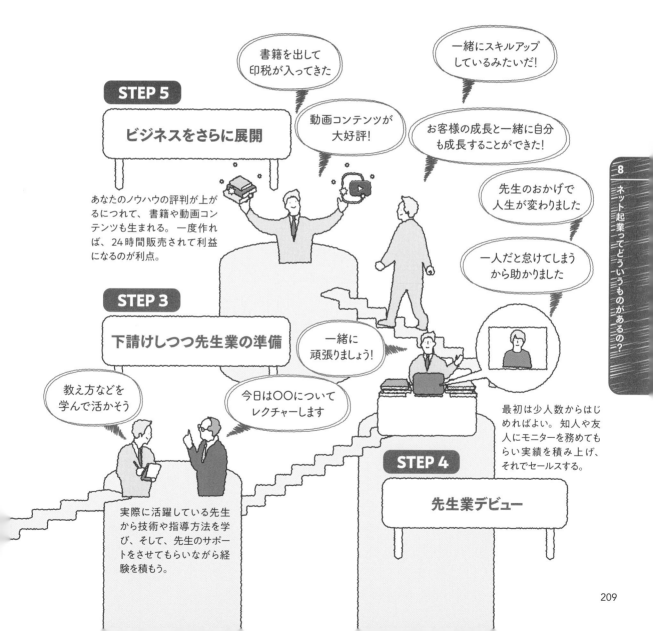

あなたの得意を活用する コンテンツビジネス

あなたの得意なこと、人に語れること、教えられることは何ですか？　それを動画など
のコンテンツにしてインターネットを介して提供することで、ビジネスに発展させます。

ネット起業の選択肢の一つとして、**コンテンツビジネス**があります。コンテンツには、文章や音楽、
デザインなど、幅広いジャンルが含まれますが、動画コンテンツが一般的です。動画なんて自
分には無理……と思うかもしれませんが、YouTube を覗いてみれば一般の人が動画をアップし
て、何十万件という再生回数を記録しています。そう、動画コンテンツは誰にでもトライできる
ネット起業なのです。では、どういった内容の動画を作ればよいのでしょうか。テーマは、あな
たが好きなこと、人に語れること、教えられることがよいでしょう。

ビジネスコンテンツの種類

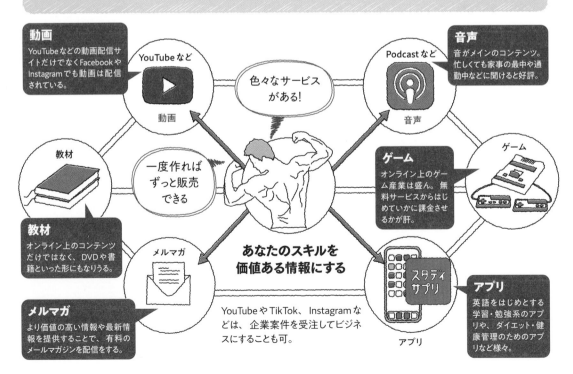

それをオンライン講座として構築し、お客様に提供するのです。スポーツの経験があるならレクチャー動画にしたり、料理が得意ならレシピ動画にしたり。仕事相手とのコミュニケーション法、子育て法など、これまで経験してきたことを思い返してみれば、色々な内容が考えられるはずです。しかし、一人よがりではビジネスにはなりません。あなたの得意なことの中で、他人が興味を持ってくれたこと、感心してくれたことは何かを見極めるのです。もちろん、売りたい商品やサービスを伝える動画もおすすめです。魅力が伝わり、売上アップにもつながるでしょう。コンテンツを構築したら、積極的にSNSなどで告知しましょう。あなたのファンとの継続的なコミュニケーションは、継続的なビジネスに発展していきます。

コンテンツの作り方4STEP

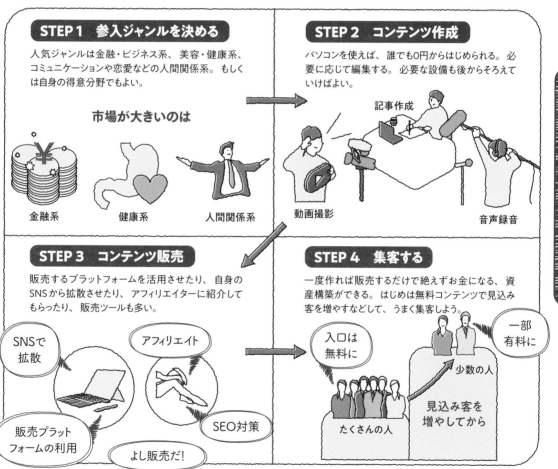

STEP 1　参入ジャンルを決める

人気ジャンルは金融・ビジネス系、美容・健康系、コミュニケーションや恋愛などの人間関係系。もしくは自身の得意分野でもよい。

市場が大きいのは

金融系　　健康系　　人間関係系

STEP 2　コンテンツ作成

パソコンを使えば、誰でも0円からはじめられる。必要に応じて編集する。必要な設備も後からそろえていけばよい。

記事作成

動画撮影　　　音声録音

STEP 3　コンテンツ販売

販売するプラットフォームを活用させたり、自身のSNSから拡散させたり、アフィリエイターに紹介してもらったり、販売ツールも多い。

SNSで拡散　　アフィリエイト

販売プラットフォームの利用

SEO対策

よし販売だ!

STEP 4　集客する

一度作れば販売するだけで絶えずお金になる、資産構築ができる。はじめは無料コンテンツで見込み客を増やすなどして、うまく集客しよう。

入口は無料に

一部有料に

少数の人

たくさんの人

見込み客を増やしてから

09 最近人気のクリエイティブ系お仕事とは？

デザイナーやクリエイターなどクリエイティブな仕事に興味があるという人は多いでしょう。今の時代、ますます需要が高まっています。

デザイン、動画作成といった**クリエイティブ系のスキル**を提供する仕事も、ネット起業にぴったりです。例えば、WEB デザインの仕事は人気の高いジャンルです。印刷物やホームページを作りたいけれどパソコンが苦手、という人に代わってデザイン作業を請け負ってみましょう。Photoshop や Illustrator などは本格的なデザインソフトですが、PowerPoint でもある程度のデザイン作業ができます。ホームページを作る場合は、専門知識がなくても WordPress や、ネットショップ作成サービスを活用することで高クオリティのものを作れます。

クリエイティブ系で人気は WEB デザイン

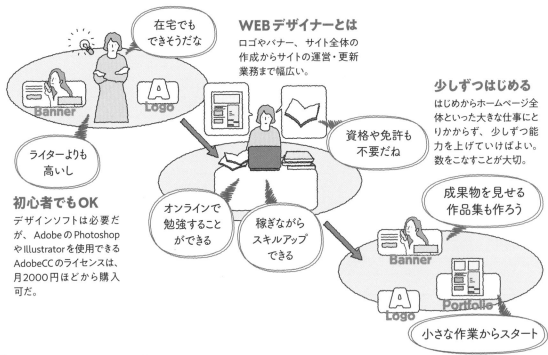

在宅でもできそうだな

ライターよりも高いし

WEB デザイナーとは
ロゴやバナー、サイト全体の作成からサイトの運営・更新業務まで幅広い。

資格や免許も不要だね

少しずつはじめる
はじめからホームページ全体といった大きな仕事にとりかからず、少しずつ能力を上げていけばよい。数をこなすことが大切。

初心者でもOK
デザインソフトは必要だが、Adobe の Photoshop や Illustrator を使用できる AdobeCC のライセンスは、月2000円ほどから購入可だ。

オンラインで勉強することができる

稼ぎながらスキルアップできる

成果物を見せる作品集も作ろう

小さな作業からスタート

また、動画作成も人気が高く、かつ、今の時代は需要があります。撮影に使うカメラもはじめはスマホ搭載ので問題ありません。できれば、照明器具は用意するとよいでしょう。人の顔を明るくきれいに撮影することができます。編集作業は、Adobe Premiere Pro や DaVinci Resolve といったプロ向けソフトもありますが、無料のソフトや PowerDirector といった初心者向けソフトでもはじめのうちは十分です。今人気の YouTube クリエイターの中でも、動画撮影・編集がはじめてだったという人も多くいます。こういったクリエイティブ分野の仕事は、特別な資格や免許が不要で、初心者からはじめた人ばかり。小さな仕事からはじめて少しずつスキルアップできるという点、楽しみながら稼げるという点が魅力です。

動画撮影・編集も人気

YouTube人気だから動画編集やってみたいな

1か月ほどで身につくスキル!

在宅でもできる!!

動画編集スキルのメリット

・スキルアップになる
・撮影スキルや機材は不要
・比較的高収入

初心者でもOK!

おもしろそうだし今後ますます盛んになるよね

資格・免許も不要

無料のソフトもある

動画編集

ソフトをそろえる
おすすめの動画編集ソフトは「Adobe Premire ProCC」は月額2728円。無料ソフト「AviUtl」も基本機能は網羅している。

少しずつ優良なものをそろえればいい

この人の編集を真似てみよう

高スペックなパソコンがよい

仕事しながらスキルアップ
オンライン上にある動画編集のコツのサイトを見たり、人気YouTuberの編集を勉強したり、低コストでもできることはたくさん。

楽しいし自信がつく

オンラインで編集のコツも教えてくれる

ちょっと資金はかかるけど

楽しみつつ稼ぐ
動画編集はやや資金がかかるが、その分、参入障壁があり需要も高い。何よりも楽しくて自信がつく仕事だ。

213

10 オンラインサロンとは どのようなビジネス？

あなたから学びたい、意見交換をしたい、コミュニケーションを取りたいという人を集めて、コミュニティ作りをしてビジネスに活かすスタイルも増えてきています。

昨今ネットビジネスの一つの形として確立されつつあるのが、**オンラインサロン**です。オンラインサロンとは、インターネットを介して交流するコミュニティのこと。多くは有料会員を募って運営されます。あなたが中心となってオンラインサロンを立ち上げた場合には、会員に継続して会費を支払ってもらうことで事業が成り立ち、あなたの利益も生まれるようになります。あなたから会員に提供するものはどんなものでも OK。築いてきたビジネス攻略法や、長年取り組んできた趣味のレクチャー、好きなスポーツや文化の共有など、様々なコンテンツが考えられます。

オンラインサロンの仕組み

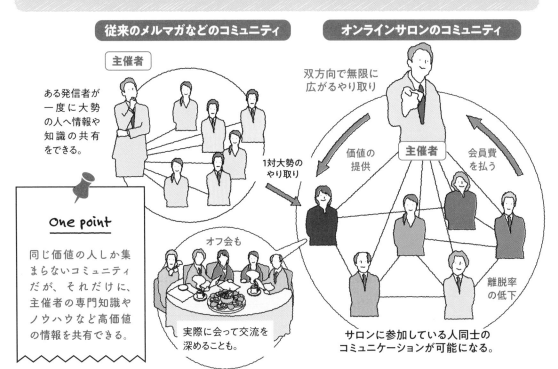

従来のメルマガなどのコミュニティ

主催者

ある発信者が一度に大勢の人へ情報や知識の共有をできる。

オンラインサロンのコミュニティ

双方向で無限に広がるやり取り

1対大勢のやり取り

価値の提供

主催者

会員費を払う

離脱率の低下

one point

同じ価値の人しか集まらないコミュニティだが、それだけに、主催者の専門知識やノウハウなど高価値の情報を共有できる。

オフ会も

実際に会って交流を深めることも。

サロンに参加している人同士のコミュニケーションが可能になる。

214

会員同士で協力し合って何かを作り上げるプロジェクトを立ち上げることも可能です。自分の魅力は何か、人が注目してくれることは何か、協力し合えることは何かを見極めて、オンラインサロンを立ち上げてみましょう。また、**Clubhouse**（クラブハウス）といった音声配信サービスにはじまる、新しいコミュニティ作りもインターネット上では進んでいます。リアルタイムにメンバー同士で会話を楽しんだり、その会話を聞いたり、会話に参加したり……インターネットがなかった時代にはこうした人とのやり取りはできませんでしたが、今や、意見交換ができる時代です。今後のビジネスの参考のためにも、一度は会員になって参加してみることをおすすめします。集客のツールとしても大いに活用することができます。

オンラインサロンのはじめ方

One point

まずはあなたが参加してみるのも手。どのようなメンバーがいて、どんな情報を共有し、どのようなイベントをしているか学ぼう。

コミュニティのタイプ

スキルアップ型
ビジネスや趣味のスキルを磨きたい人たちの集まり。

ファンクラブ型
ある著名人のファンや同じ趣味を持つ人たちの集まり。

人脈作り型
主にビジネスの人脈を広げたい人たちの集まり。

①コンセプトを決める
サロンのテーマ、ターゲットを考える。「なぜ、やるのか」を決めよう。

ファン？　ビジネス？　お金？　健康？

どのタイプかも考える

②プラットフォームを決める
既存のプラットフォームを使うか、一からオリジナルのサロンを立ち上げるか。

既存のものはDMMオンラインサロンが有名

③ルールなどを決める
月額の費用や決済方法、会員同士でコミュニケーションするためのアプリなどを考える。

交流ツールは？　会員費はいくら？

作成代行サービスもある

収益の安定化　サポーターがたくさん

ビジネスの可能性を広げる

④運営・集客する
継続的なサービスを提供して、コミュニケーションに価値を生み出し、離脱率を減らそう。

ネット起業でリスクをなるべく回避するコツ

ここまでネット起業のメリットや実例をいくつか紹介してきました。リスクのないビジネスというものは存在しませんが、あらかじめ知っておくと安心です。

ネット起業にはどのような**リスク**があるのでしょうか。知らずに恐れるよりも、事前に知っておくだけで対策を立てやすくなります。まず、インターネット上のやり取りでは**炎上**という恐れがつきもの。どんなに歴史のある有名な企業にも、無名の一般の人にでも降りかかるリスクといえます。炎上とは批判的なコメントが投稿されたことが引き金となり、同調する投稿が殺到して社会全体の関心となってしまう現象のこと。また、これまで何度か触れてきましたが、ネット起業が軌道に乗り、利益を生み出すまでには時間がかかることもデメリットといえます。

ネット起業の不利な点

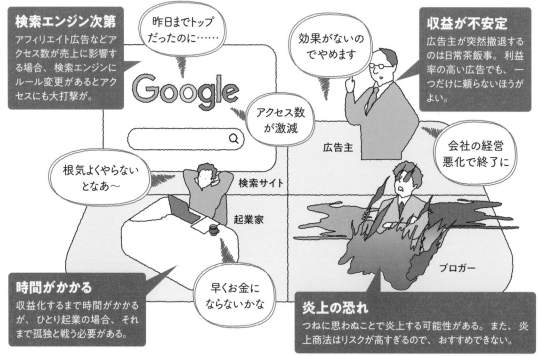

検索エンジン次第
アフィリエイト広告などアクセス数が売上に影響する場合、検索エンジンにルール変更があるとアクセスにも大打撃が。

昨日までトップだったのに……

効果がないのでやめます

収益が不安定
広告主が突然撤退するのは日常茶飯事。利益率の高い広告でも、一つだけに頼らないほうがよい。

Google

アクセス数が激減

広告主

会社の経営悪化で終了に

根気よくやらないとなあ〜

検索サイト

起業家

ブロガー

時間がかかる
収益化するまで時間がかかるが、ひとり起業の場合、それまで孤独と戦う必要がある。

早くお金にならないかな

炎上の恐れ
つねに思わぬことで炎上する可能性がある。また、炎上商法はリスクが高すぎるので、おすすめできない。

また、アフィリエイト広告なら、検索エンジンのルールや広告主の意向により運営も左右されてしまいます。気軽にはじめられるネット起業ですが、成功させるためにはローリスクではじめることもリスク回避の手。週末だけや副業としてやってみるのもよいでしょう。例えば、ネットショップをはじめるなら、テスト販売をしてみるつもりで、少ない数からスタートしてみましょう。アイテム数を無理に増やしたり、広告費を投入したりする必要もありません。商品の魅力をしっかり伝え、信頼されるネットショップを構築することを優先しましょう。地道に集客に努めることも大切です。そして、炎上を回避するためには、あえてセンシティブな話題に触れないようにしたり、真偽のあやしい情報は発信しなかったりする。それだけでも予防対策になります。

成功させるためには？

節約

無理なく
やろう！

週末起業

January, 2021
S M T W T F S

こういうブログ
はじめました

Facebookで
シェアするよ

リスクを踏まえておけば、リスク回避も思いつく

ローリスクではじめる
自宅で手持ちのパソコンからはじめるなど初期資金を節約したり、週末起業で開始するなど。

しばらくは副業でやってみよう

起業家

集客に努める
友人・知人に口コミ・紹介を頼んだり、積極的にイベントやセミナーに参加したりする。

コツコツ継続
続けることが大事だが、自分で○か月までやってみると期限を設定するのがよい。

最低○か月はやってみよう

チェック体制を強化して

この度は……

炎上を予防する
正確な情報のやり取りに気をつけたり、センシティブな話題は避けたりして未然に防ごう。

Column

歴史上に名を残した人々の起業を知る

現代②

ジェフ・ベゾス

Amazon の創業者

ベゾス氏は大学卒業後、金融機関のエンジニアとして働いた。その後、インターネットやネットショッピングの可能性を見出し、1994年にインターネット書店を開業。これが翌95年にはAmazon.comとして生まれ変わる。やがて大成長を遂げ、「ITバブル」の申し子となったことは周知の事実だ。

徹底した顧客目線を貫く

Amazonは「倉庫こそAmazonの最大の資産」として、商品ストックを大量にそろえ、送料は無料、注文後迅速に商品が届くといった「顧客ファースト」の独自スタイルで運営してきた。2000年頃は赤字が積み重なり周囲から批判されたが、投資を続け、2003年にはとうとう黒字へ転換。「顧客のために」という思いが実を結んだのだ。

リード・ヘイスティングス

Netflix 共同創業者

今や世界中の人々が視聴している動画配信サービス Netflix。ヘイスティングス氏は1991年、30歳で立ち上げたソフトウェア関連会社を4年で上場させ、Netflix のもう一人の創業者マーク・ランドルフ氏と出会う。この会社は後に売却され、その際の資金を元に二人は新しいネットビジネスとして、レンタルビデオ業界に着目した。

▼

ユーザーファーストで

二人はオンラインで注文を取り、DVD を郵送レンタルするサービスを開始し、1997年に Netflix を設立。瞬く間に成功をおさめ、2007年、新たなスタイル・動画ストリーミングのサービスへ移行する。視聴する・選択する自由をもたらしたいとヘイスティングス氏が語るように、ユーザー目線の事業が成功をおさめたといえよう。

マーク・ザッカーバーグ

Facebook 創業者

Facebook 創業は2004年。今や世界に20億人以上ものユーザーを抱える世界最大規模のネットワークソーシャルサービスだ。ザッカーバーグ氏は1985年、アメリカに生まれ12歳にはコンピューターのソフトを開発していたという。18歳で開発したソフトが、マイクロソフトから買収を提示されたという逸話は有名だ。

▼

ネットは人と人と結ぶ

Facebook は大学在学中の19歳で開発。大反響を得て会社設立へ。多くの企業が買収を持ちかけるも、ザッカーバーグ氏は利益を求めるためではなく、人と人がオープンにつながることを優先したいからと断ったという。それは Facebook の使命と明言する「世界をよりオープンでつながったものにする」という言葉にも表れている。

（文責：GB 編集部）

掲載用語索引

あ

アイデア	40
青色申告	182
アドバイス	119
アフィリエイト広告	202
打ち手	152
売り	42
売上目標	67
炎上	216
応援	166
オリジナリティ	43
オンラインサロン	214

か

開業届	180、182
外注	75
価格設定	12、88、93
学生起業家	30
官製ファンド	25
完璧主義	151
完璧主義者	17
起業＝リスクという考え	19
キャッチコピー	138
キャンセルポリシー	190
共感	125
銀行口座	79
口コミ	123
クラウドソーシング	206
クラウドファンディング	68
クリエイティブ系のスキル	212
クレジットカード	78
計画	157
契約書	190
結婚	80
決算	99
現実的なスケジュール	156
広告	43、134
行動量	146
告知	136
固定費	66
雇用	74
コンテンツビジネス	210

さ

罪悪感	61
最初のお客様	121
サクセスストーリー	55
サポート	163、170
サラリーマン感覚	19、60
資格	51、56
時間術	50
事業計画書	72
試行錯誤	159
仕込み	159
自信	164、174
実績	54、100
実践回数	147
失敗の数	145
資本金	70
シミュレーション	58

借金 —————————————— 45
集客 —————————————— 108
集客の最終目標 —————————— 132
住宅 —————————————— 81
週末起業家 ————————————— 12
紹介 —————————————— 123
初心 ——————————— 133、149
助成金 —————————————— 188
ジレンマ ————————————— 148
人脈 —————————————— 57
信頼関係 ——————— 113、130
スキル —————————————— 56
スタートアップ4.0 ——————— 26
ストレス ————————————— 49
素直な気持ち ———————————— 165
スポンサー ————————————— 68
スモールビジネス ———————— 27
税金 —————————————— 184
成功者 —————————————— 168
成功パターン ————————————— 160
税務申告 ————————————— 99
税理士 ——————————— 99、184
先生業 —————————————— 208
宣伝 —————————————— 108
相談 —————————————— 119
想定内の事態 ————————————— 153
相場 —————————————— 87

た

ターゲット ————————————— 114
第一次起業ブーム ———————— 30
第三次起業ブーム ———————— 34
第二次起業ブーム ———————— 32

第四次起業ブーム ———————— 24
助けてくれる人リスト ——————— 77
脱サラ起業家 ————————————— 30
チーム —————————————— 172
小さなゴール ————————————— 154
小さな目標達成 ————————————— 154
チラシ —————————————— 102
つつましい起業 ———————————— 28
テスト —————————————— 52
デメリット ————————————— 48
投資 ——————————— 66、69

な

仲間 —————————————— 111
値上げ ——————————— 12、92
値下げ —————————————— 94
ネット起業 ——————— 196、198
ネットショップ ————————————— 204

は

発信 —————————————— 14
発信力 —————————————— 20
反応率 —————————————— 126
ビジネス仲間 ————————————— 59
ビジネスモデル ———————————— 46
批判 —————————————— 166
ファン —————————————— 111
付加価値 ————————————— 87
副業 ——————————— 15、29
ベンチャー三銃士 ———————— 32
ホームページ ————————————— 186
補助金 —————————————— 188

ま

満足感 —————————— 89
満足度 —————————— 125
見込み客 ————————— 110
無料ブログ ————————— 187
メンタルブロック ——————— 16
目標売上 ————————— 90
モニター ————————— 100

や

屋号のついた口座 ————— 79
よい情報のおすそ分け ———— 117

ら

利益 ——————————— 96

リスク —————————— 44、216
ルール —————————— 190
練習 ——————————— 52

アルファベット

ABC モデル ———————— 47
AIDA —————————— 128
Clubhouse ————————— 215
CVC —————————— 25
IT 苦手意識 ————————— 200
IT バブル ————————— 34
IT ベンチャー ———————— 34
SNS ————————— 135、187

◎ 主要参考文献

『起業1年目の教科書』今井 孝、かんき出版

『起業1年目のお金の教科書』今井 孝、かんき出版

『起業1年目の集客の教科書』今井 孝、かんき出版

『これからの時代の新しい起業のカタチ！ひとりではじめるコンテンツビジネス入門』山田 稔、つた書房

『ネット興亡記 敗れざる者たち』杉本貴司、日本経済新聞出版

『ひとり社長の最強の集客術』今井 孝、ぱる出版

『ひとりビジネスの教科書 Premium』佐藤 伝、学研プラス

『僕たちは、地味な起業で食っていく。今の会社にいても、辞めても一生食いっぱぐれない最強の生存戦略』
田中祐一、SB クリエイティブ

『無料で始めるネットショップ 作成＆運営＆集客がぜんぶわかる！』志鎌真奈美、技術評論社

『Web ショップで月5万円稼ぐ！』大上達生、自由国民社

◉ 参考サイト

朝日新聞 GLOBE ＋「令和の時代 日本の社長」https://globe.asahi.com/article/14276233

「岩垂奨学会」https://iwadare-sf.com/

「起業家を支援する NPO 法人祭プラス」https://www.official.or.jp/

「クマガイコム Ⓡ」https://www.kumagai.com/

「幻冬舎 plus　副業 1 年目の教科書」https://www.gentosha.jp/series/hukugyouitinennmenokyoukasyo/

渋沢栄一記念財団「渋沢栄一」https://www.shibusawa.or.jp/eiichi/

渋沢栄一デジタルミュージアム http://www.city.fukaya.saitama.jp/shibusawa_eiichi/

新 R25「藤田晋」https://r25.jp/regulars/fujita-susumu

ソフトバンク「略歴：孫 正義」https://www.softbank.jp/corp/aboutus/officer/son/

ソフトバンクグループ「略歴：孫 正義」https://group.softbank/about/officer/son

トヨタ「トヨタ自動車 75 年史」https://www.toyota.co.jp/jpn/company/history/75years/text/

トヨタ産業技術記念館「豊田喜一郎とは？」https://www.tcmit.org/exhibition/car/car07/

「日経ビジネスが見た 50 年　#最終回　盛り上がる第 4 次ベンチャーブーム」
https://business.nikkei.com/atcl/NBD/19/00117/00053/

「日経 BizGate　私の道しるべ」https://ps.nikkei.co.jp/myroad/

「ニッポンの社長」https://www.nippon-shacho.com

パソナグループ「グループ代表 南部靖之」https://www.pasonagroup.co.jp/company/nambu.html

阪急電鉄「阪急電鉄の創業者「小林一三」」https://www.hankyu.co.jp/cont/ichizo/

阪急文化財団「小林一三について」http://www.hankyu-bunka.or.jp/about/itsuo/

三菱グループ「岩崎彌太郎年表」https://www.mitsubishi.com/ja/profile/history/series/yataro/

みやこ町　観光・歴史「岩垂邦彦」http://www.town.miyako.lg.jp/rekisiminnzoku/kankou/person/iwadarekunihiko.html

ダイヤモンド・オンライン「メルカリ上場で幕を開けた、第 4 次ベンチャーブームと 3 つの「環境変化」」
https://diamond.jp/articles/-/222103

盛田昭夫ライブラリー http://akiomorita.net/

BEST T!MES「藤田田物語④」https://www.kk-bestsellers.com/articles/-/10231/

HONDA「語り継ぎたいこと」https://www.honda.co.jp/50years-history/

Panasonic「松下幸之助の生涯」https://www.panasonic.com/jp/corporate/history/konosuke-matsushita.html

PHP 研究所「松下幸之助 .com」https://konosuke-matsushita.com/

「THE OWNER（ザ オーナー）」https://the-owner.jp/

◉ STAFF

編集	坂尾正昭、中尾祐子	カバーデザイン	別府 拓（Q.design）
執筆協力	稲 佐知子、高山玲子、龍田 昇、土屋みき子	本文デザイン	別府 拓、深澤祐樹（Q.design）
本文イラスト	本村 誠	DTP	G.B. Design House
カバーイラスト	フクイサチヨ		

監修
今井 孝（いまい・たかし）

キャリッジウェイ・コンサルティング代表取締役。大手IT企業でいくつもの新規事業開発を手がけ、初年度年商が数億円を超える事業で社内アワードを受賞。その実績をもとに意気揚々と独立したものの、スモールビジネスの成功法則を知らず挫折。セミナーを開催しても閑古鳥が鳴き叫ぶばかり。挽回のために数百万円を投資して作成した教材はほとんど売れず、在庫の山に。ネット広告につぎ込んだ資金は一瞬で消えてしまい、胃の痛みと闘いながら起業1年目は終了。その後、10年連続300人以上が参加するセミナーを主催。トータルでは6000人以上となる。それらの経験を踏まえたマーケティングとマインドに関する様々な教材は累計3000個以上購入され、3万人以上の起業家にノウハウや考え方を伝えている。著書『起業1年目の教科書』（かんき出版）は5万部を超えるベストセラーとなり、シリーズ累計で10万部を超える。

事業計画から商品設計、マーケティング戦略で成功する！
起業の仕方見るだけノート

2021年7月23日　第1刷発行
2022年6月28日　第2刷発行

監修　　　今井 孝

発行人　　蓮見清一
発行所　　株式会社宝島社
　　　　　〒102-8388
　　　　　東京都千代田区一番町25番地
　　　　　編集03-3239-0646
　　　　　営業03-3234-4621
　　　　　https://tkj.jp

印刷・製本　株式会社光邦